Quatro dimensões
da saúde humana

Experiência em desenvolvimento pessoal

LOVEAND**TRANSFORMATION** INSTITUTE

Quatro dimensões da saúde humana
Experiência em desenvolvimento pessoal
Ben Bost e Kent DelHousaye © 2019
Love and Transformation Institute (Instituto Amor e Transformação)

Todos os direitos reservados. O uso de qualquer parte desta publicação, se reproduzida, transmitida em qualquer forma por qualquer meio eletrônico, mecânico, cópia, gravação ou outro, armazenado em sistema de recuperação, sem prévio consentimento do Love and Transformation Institute, é um ato infringente da lei de direitos autorais e está proibido.

Uma vez que a editora e o autor tenham usados seus melhores esforços na preparação deste livro, não fazem representação nem garantias com respeito à precisão e integralidade deste livro, e especificamente negam quaisquer garantias de comercialização implícitas ou aptidão para um propósito definido. Os conselhos e estratégias contidos neste documento podem não ser adequados para sua situação. Você deve consultar um profissional sobre o que é adequado. Nem a editora e nem o autor devem ser responsabilizados por qualquer perda de lucro ou quaisquer outros danos comerciais, incluindo, mas não limitado a, danos especiais, incidentais, consequenciais ou outros.

A editora e o escritor não devem ter a obrigação e nem a responsabilidade de qualquer pessoa ou entidade referente à perda, ao dano ou ao prejuízo causado ou supostamente causado, direta ou indiretamente, por informações contidas neste livro. As informações presentes aqui não são, de maneira nenhuma, substitutas de um aconselhamento ou de outra ajuda profissional.

Logo Four Dimensions é uma cortesia de Eli Bost.

Todas as referências Bíblicas são da New Living Translation (NLT), a não ser que sejam especificadas de outra forma.

ISBN: 978-1-7339879-2-9

Para mais informações, visite o site LoveandTransformation.org

Publicado por

Love and Transformation Institute

Impresso nos Estados Unidos da América

ÍNDICE

Prefácio
Introdução

DIMENSÃO UM: CORAÇÃO

Caráter	1.1
Família De Origem	1.2
Realidade Negativa	1.3
Vulnerabilidade	1.4
Frustração	1.5
Estresse	1.6
Ansiedade	1.7
Depressão	1.8
Desejo	1.9
Felicidad	1.10

DIMENSÃO DOIS: ALMA

2.1	Relacionamento
2.2	Famíla De Deus
2.3	Amizade
2.4	Definindo Limites
2.5	Perdão
2.6	Empatia
2.7	Comunicação
2.8	Conflito
2.9	Justiça
2.10	As Boas Novas

DIMENSÃO TRÊS: MENTE

Vida	3.1
A Bíblia	3.2
Deus	3.3
Nosso Mundo	3.4
Verdade	3.5
Humanidade	3.6
Moralidade	3.7
Conhecimento	3.8
Significado	3.9
Sexualidade	3.10

DIMENSÃO QUATRO: FORÇA

4.1	Autoimagem
4.2	Forças
4.3	Objetivos
4.4	Necessidades
4.5	Valores Centrais
4.6	Responsabilidade
4.7	Resiliência
4.8	Ritmo
4.9	Consciência
4.10	Vocação

Conclusão
Notas Finais E Referências
Sobre O Love And Transformation Institute

PREFÁCIO

Como você crescerá?

Nossa suposição é que seu interesse no livro As Quatro Dimensões da Saúde Humana venha a partir do desejo de ser uma pessoa diferente.

No entanto, crescimento não significa necessariamente que você será diferente. Pense em uma árvore; à medida que ela cresce torna-se uma versão ainda maior e mais frutífera de si mesma, não significa que ficou algo completamente novo.

O livro As Quatro Dimensões da Saúde Humana foi criado para ajudá-lo a estabelecer uma filosofia de maturidade que leva em consideração a beleza de quem você já é e de quem está se tornando.

Nele você:

- Descobrirá as quarto áreas do desenvolvimento holístico.
- Ficará ciente dos assuntos ao redor que impactam o crescimento em cada área.
- Aprenderá como integrar amor nas quatro dimensões da vida.

As sessões do livro estão segmentadas em quatro áreas cada uma, designadas para ajudá-lo a crescer, fornecendo uma abordagem equilibrada e abrangente. Conforme avança na experiência, é importante lembrar que cada seção possui um valor único em sua dimensão específica e experiência geral.

As Quatro Dimensões da Saúde Humana pode ser utilizado das seguintes formas:

- Estudo individual
- Mentoria individual
- Estudo em pequenos grupos
- Grandes encontros

Para obter mais informações sobre como utilizar esta experiência em seu cenário exclusivo, não hesite em nos contatar pelo email info@loveandtransformation.org.

Ame de verdade!

Ben Bost
Kent DelHousaye
Co-fundadores
Love and Transformation Institute

INTRODUÇÃO

"A função da educação é ensinar o indivíduo a pensar intensamente e a pensar criticamente. No entanto, educação sem eficiência pode provar ser a maior ameaça à sociedade. O criminoso mais perigoso pode ser o homem dotado de razão, mas sem nenhuma moral... Devemos nos lembrar de que inteligência não é suficiente. Inteligência mais caráter, este é o objetivo da verdadeira educação."
– Martin Luther King Jr., discurso em Morehouse College, 1948

O VALOR DE APRENDER

A habilidade de aprender é um privilégio incrível e uma oportunidade poderosa!

Além disso, aprender não é apenas moldar sua mente através de aquisição de conhecimento. Também significa moldar você como um indivíduo enquanto o conhecimento é colocado em ação. Para que um processo de aprendizado seja eficaz, ele deve ser multidimensional. Quando esta abordagem abrangente é utilizada, naturalmente transforma pessoas em seres humanos maduros e responsáveis, que podem contribuir com a sociedade e com o bem estar do nosso mundo!

Jesus disse, "O discípulo não está acima de seu mestre; todo aquele, porém, que for bem-instruído será como o seu mestre" (Lucas 6.40).

No Love and Transformation Institute, acreditamos que ser "completamente treinado" significa experimentar desenvolvimento holístico, o qual chamamos de *Four Dimensions of Human Health* – emocional, relacional, intelectual e vocacional.

Estas quarto dimensões são retiradas diretamente de Jesus quando ele afirmou que a maior vida é encontrada na seguinte situação "Amarás, pois, o Senhor, teu Deus, de todo o teu coração, de toda a tua alma, de todo o teu entendimento e de toda a tua força" (Marcos 12.30).

O PAPEL DO AMOR

Acreditamos que o crescimento não é sobre tornar-se uma pessoa diferente, mas é o processo de tornar-se consciente de quem você já é e aprender a amar bem esta pessoa. Esta é nossa filosofia de maturidade.

O amor se torna o fator de condução de seu crescimento pessoal.

Deus criou cada um de nós a Sua imagem com qualidades e características únicas com intuito de refletir quem Ele é para o mundo ao nosso redor, sendo o seu principal traço de caráter o amor (1 João 4.18).

No entanto, cada um de nós se depara com dificuldade na vida que, em essência, tem atrofiado nosso crescimento e afetado nossa habilidade de amar bem. O primeiro passo para iniciar nosso crescimento é aprender o que é o amor e como ele funciona.

Na maioria das vezes, abordamos o amor como uma emoção. No entanto, é muito mais que um sentimento romântico, uma inundação de paixão ou um pensamento manifesto. E aqui está o nosso começo.

Devemos pensar sobre o amor de forma diferente!

O amor é ativo e estrutural, fornecendo arquitetura para tudo na vida. É por isso que o amor não pode ser forçado, mas, sim, escolhido. E escolher o amor como influência principal de seu crescimento é o que o ajudará a integrá-lo em toda a vida. Esta compreensão é a chave para seu desenvolvimento.

O PROCESSO DE ESTRUTURAÇÃO DE CARÁTER

Por meio desta experiência, você aprenderá como a estruturação do seu caráter lhe fornece habilidade de viver bem a vida. Cada tópico foi criado para discussão e para ajudá-lo a desenvolver uma filosofia de maturidade baseada no modelo para as Quatro Dimensões da Saúde Humana abaixo.

EMOCIONAL

CORAÇÃO – Processo emocional

Amar a Deus com seu coração significa que está aprendendo e crescendo sobre como ter uma vida emocional saudável.

RELACIONAL

ALMA – Processo relacional

Amar a Deus com sua alma significa que você está aprendendo e crescendo sobre como ter relacionamentos saudáveis.

MENTE – Processo Intelectual

Amar a Deus com sua mente significa que você está aprendendo e crescendo em conhecimento, como pensar bem sobre sua vida.

INTELECTUAL

FORÇA – Usando sua influência

Amar a Deus com sua força significa que você está aprendendo e crescendo sobre como colocar sua criação única em ação.

VOCACIONAL

DIMENSÃO UM

CORAÇÃO
Emocional

Amar a Deus com seu coração significa que você está aprendendo e crescendo sobre como ter uma vida emocional saudável. Esta seção lhe fornece exercícios e informações para ajudá-lo a processor suas emoções e criar uma vida emocional mais saudável.

EMOCIONAL

CORAÇÃO – Processo emocional

Amar a Deus com seu coração significa que está aprendendo e crescendo sobre como ter uma vida emocional saudável.

RELACIONAL

ALMA – Processo relacional

Amar a Deus com sua alma significa que você está aprendendo e crescendo sobre como ter relacionamentos saudáveis.

MENTE – Processo Intelectual

Amar a Deus com sua mente significa que você está aprendendo e crescendo em conhecimento, como pensar bem sobre sua vida.

INTELECTUAL

FORÇA – Usando sua influência

Amar a Deus com sua força significa que você está aprendendo e crescendo sobre como colocar sua criação única em ação.

VOCACIONAL

O QUE É CARÁTER?

O caráter é definido como as qualidades mentais ou morais distintas de um indivíduo.

Outras palavras relacionadas ao personagem incluem: personalidade, natureza, temperamento, disposição, mentalidade e maquiagem.

Você pode pensar que o caráter é o que te guia a fazer a coisa certa ou dizer a verdade. No entanto, o caráter é muito mais substancial do que isso.

São as qualidades moldadas em nós que nos ajudam a viver toda a vida.

POR QUE O CARÁTER É IMPORTANTE?

"Caráter é o conjunto de capacidades necessárias para atender às demandas da realidade."

– Dr. John Townsend

Muitas vezes não entendemos que falta caráter em uma determinada área até que seja testado por um desafio, estresse ou grande dificuldade.

O caráter funciona em sua vida da maneira como os feixes de aço funcionam em um arranha-céus. As vigas fornecem integridade estrutural para evitar que o edifício desmorone quando a pressão é aplicada. Sem testar, você não pode saber se seu personagem é durável ou frágil. O resultado da estruturação do personagem é o desenvolvimento de um caráter interno estável – estrutura – que possa "atender às demandas da realidade".

PROCESSO – Gostaria que seu personagem crescesse ou mudasse?

COMO VOCÊ FORTALECE SEU CARÁTER?

O fortalecimento do seu caráter começa primeiro por entender a estrutura do personagem, ou a arquitetura interna necessária para suportar as pressões, expectativas e requisitos da vida. De acordo com Jesus no sermão da montanha, a cura e o crescimento ocorrem de dentro para fora (Mateus 5-7).

Sua estrutura interna de caráter é composta de quatro partes que trabalham juntas para criar uma base forte. ***O crescimento ocorre por meio da compreensão e ampliação da sua capacidade em cada uma das seguintes áreas:***

- Construção de relações conectadas
- Estabelecendo limites com você e os outros
- Navegando em realidades positivas e negativas
- Gestão das responsabilidades da vida

PROCESSO – Qual área acima ressoa mais em você como uma oportunidade de fortalecer seu caráter?

O QUE É FAMÍLIA?

Rudyard Kipling definiu família como "Todos nós somos nós – e todos os outros são eles." (Nós /Eles)

Tipicamente, *família se refere à família biológica* – ou sua **Família de Origem (FDO)**.

Naturalmente, você busca em sua família a direção à medida que cresce para a vida adulta. No entanto, a família também foi criada para desempenhar três funções centrais:

- Fornecer-lhe bem-estar físico e emocional
- Protegê-lo do mal
- Treiná-lo para a vida

Uma família saudável desempenhará funções centrais, levando em consideração que todos os membros precisam de dois elementos essenciais para direcionar o desenvolvimento: ***disciplina e instrução***.

Efésios 6.4 diz: "E vós, pais, não provoqueis vossos filhos à ira; mas criai-os na disciplina e admoestação do Senhor".

A disciplina adequada fornece treinamento de correção necessário para o comportamento. A instrução é o conhecimento formativo sobre a vida. Infelizmente, nem todo lar funciona de uma forma saudável e perfeita o tempo todo. Quando sua vida no lar não está saudável ou inferior à ótima, pode impactar a estruturação de seu caráter.

COMPREENDENDO O IMPACTO DA SUA FAMÍLIA

Compreender como seu caráter tem sido impactado por sua FDO nem sempre é fácil. Para alguns, encontros traumáticos com realidades de divórcio, ira, abuso ou controle, por exemplo, pareciam normais dentro do lar. Outros podem ter experimentado um lar que funcionava de forma pacífica, mas que era carente de uma explicação de vida. Independente das circunstâncias, você pode acabar se sentindo confuso sobre como foi criado e sentir que não teve tudo o que precisava para viver a vida.

O primeiro passo na compreensão do impacto da FDO é consciência.

PROCESSO – No espaço abaixo, escreva uma breve descrição de como foi crescer em seu lar familiar. Descreva tanto as experiências positivas como as negativas juntamente com o que você deseja que tivesse acontecido ou não.

NEM TODA FAMÍLIA É FDO

Parte do desenvolvimento de consciência é reconhecer que nem toda família é FDO.

Todos nós temos pessoas em nossas vidas que podem contribuir com nosso processo contínuo de estruturação de caráter de uma forma saudável. Isso nos mostra a oportunidade de desenvolver a capacidade de estruturação de caráter através da **construção de relacionamentos conectados.** São tipos de relacionamentos que lhe fornecem espaço para processar a vida.

PROCESSO – Escreva o mínimo de um e o máximo de três pessoas que você a acredita ser um relacionamento conectado. Depois reserve um tempo para compartilhar com elas a descrição de sua FDO acima e peça feedback.

O QUE É REALIDADE NEGATIVA?

Quando você estava crescendo, como seus pais lidavam com sua ansiedade, tristeza ou ira?

Se você for como a maioria, seus pais normalmente lhe diziam "vá para seu quarto e mude sua atitude". A pergunta é por quê? Por que seus pais pediam para que você se retirasse quando se sentia ansioso, triste ou irado?

Esta reação é porque podemos ocultar nosso drama das outras pessoas e evitar o drama deles. Muitos de nós crescemos acreditando que emoções como ansiedade, tristeza e ira são ruins. No entanto, ficar triste, ansioso e exausto é parte da experiência humana.

Em nossa cultura, não é mais aceitável ter um dia mau. Nós nos tornamos tão obcecados com felicidade que experimentar emoções difíceis normais está fora de cogitação e é causa de questionamento da saúde mental da pessoa.

A realidade negativa é o outro lado da vida, nada divertida e fácil. É dura e sofrível.

COMPREENDENDO A REALIDADE NEGATIVA

Deus criou os seres humanos para serem como Ele: criativo, racional, relacional e *emocional!* (Gênesis 1.26-27)

Nós lemos nas Escrituras que o próprio Deus fica irado e triste (Deuteronômio 9.20; 1 Reis 11.9; Gênesis 6.6). Ficamos irados e tristes por causa da realidade negativa. A verdade é que vivemos em um mundo caído, corrompido pelo pecado, que não é o que Deus criou para ser. Além disso, em um mundo caído, existe sofrimento, dor, e perda – muito do que se refere à realidade negativa.

Não podemos controlar a realidade negativa, mas podemos controlar nossa reação a ela.

A IMPORTÂNCIA DA INTEGRAÇÃO

Aprender a reagir bem à realidade negativa em sua vida chama-se *integração*.

Uma pessoa integrada é capaz de lidar com sentimentos e experiências negativas, incluindo perda, imperfeição, falha e rejeição. É por isso que **integração é a habilidade usada para lidar TANTO com realidades positivas COMO com realidades negativas na vida.**

Integração é a habilidade chave que ajuda na estruturação de seu caráter. Ela lhe ajuda a processar a vida de forma honesta e autêntica.

PROCESSO – Descreva abaixo como normalmente você lida com a realidade negativa e quais foram as influências que o fizeram enxergar desta maneira.

O QUE É VULNERABILIDADE?

De acordo com o dicionário, vulnerabilidade é a qualidade ou o estado de ser exposto à possibilidade de ser atacado ou atingido, seja física ou emocionalmente.

Soa divertido?

O pensamento de arriscar-se e de ser exposto ao ponto de ser ferido é algo que naturalmente evitamos – principalmente em nossos relacionamentos. No entanto, vulnerabilidade exerce um papel vital ajudando-nos a ver a vida e nossos relacionamentos de forma precisa.

A vulnerabilidade pavimenta o caminho para relacionamentos duradouros e geradores de vida que ajudam na estruturação do caráter.

O BENEFÍCIO DA VULNERABILIDADE

Para apreciar o valor da vulnerabilidade, primeiro você tem que distinguir entre *ferir* e *prejudicar*.

Prejudicar é sempre ruim, mas ferir, não. Ferir pode ser bom, às vezes, e necessário para benefício do seu crescimento.

Tome como exemplo o processo do treino físico. Raramente as horas de levantamento de peso e exercícios aeróbicos são agradáveis. Na maior parte do tempo, ferem! Mas com o tempo, o benefício dramaticamente supera a dor.

Falar abertamente sobre sua vida o expõe a críticas e feedbacks de uma forma que fere. No entanto, é uma experiência necessária para compreender completamente quem você é e como outros o vêm em relacionamentos.

COMO DESENVOLVER A VULNERABILIDADE

Uma ótima maneira de desenvolver vulnerabilidade é começar a se abrir em relacionamentos sobre os aspectos difíceis da vida. Compartilhe de forma sábia com as pessoas que você escolheu. Quanto mais vulnerável você se tornar, menos exposto se sentirá nesse relacionamento.

A habilidade de mostrar a vulnerabilidade passa a mensagem de que "Eu não tenho nada a esconder".

PROCESSO – Você conhece uma pessoa que demonstra vulnerabilidade de uma forma admirável? Marque um tempo com ela para discutir como aprendeu a ser vulnerável e como valoriza isso.

O QUE É FRUSTRAÇÃO?

"Frustração é a dor que cura todas as outras dores."

– Dr. John Townsend

Frustração é a dor emocional natural que experimentamos quando nos deparamos com a perda ou mudança significativa.

Estes são alguns eventos que podem causá-la:

- Morte de uma pessoa amada
- Fim de um relacionamento
- Perda de um relacionamento
- Mudanças

Estes são apenas alguns exemplos do que pode causar frustração. É importante compreender que ela é uma parte normal da vida e do funcionamento emocional saudável. Sentimento de tristeza e incerteza ocorre quando nos deparamos com experiências duras e dolorosas.

POR QUE A FRUSTRAÇÃO É IMPORTANTE?

Frustrar-se é o processo ativo das emoções que vem com a perda.

Sua habilidade de lidar bem com isso como parte da estruturação de caráter é essencial para sua saúde e bem-estar emocional em geral. Infelizmente, em nossa cultura atual, você pode ter sido treinado para passar por isso rapidamente ou até mesmo pular essa etapa.

O fato de não haver tempo para a frustração da perda aumenta muito o potencial para estresse, ansiedade, depressão, isolamento, cansaço, insônia, problemas de estômago e coração, e até mesmo morte.

PROCESSO – Como você foi ensinado a lidar com perda e fracasso?

UMA VISÃO SAUDÁVEL DA FRUSTRAÇÃO

Jesus disse: "Bem-aventurados os que choram porque serão consolados" (Mateus 5.4). "Bem-aventurado" foi apenas uma das palavras que Jesus usou para comunicar felicidade com aqueles que o ouviam ensinar. De acordo com Jesus, uma pessoa verdadeiramente feliz possui a habilidade de se frustrar de uma maneira saudável.

O apóstolo Paulo em 2 Coríntios 7.10 diz: "Porque a tristeza segundo Deus produz arrependimento para a salvação, que a ninguém traz pesar; mas a tristeza do mundo produz morte".

Então, o que isso lhe diz sobre frustração? Que é algo bom e para nosso benefício!

PROCESSO – Existe alguma perda passada em sua vida com a qual você nunca se frustrou? Como seria útil a frustração emocional ou física desta perda?

O QUE É ESTRESSE?

Definição do dicionário: Tensão mental ou emocional resultante de circunstâncias adversas ou muito exigentes.

De acordo com especialistas da área, o estresse é o problema de saúde número um dos Americanos, pois estimam-se que, pelo menos, 75% de todas as visitas médicas seja por problemas relacionados ao estresse.

Em um artigo publicado na revista *Prevention*, 3 entre 4 pessoas se consideram "estressadas".

O estresse é fundamentalmente uma pressão ou tensão que está conectada à mudança. Qualquer mudança, seja ela concreta ou imaginária, pode provocar estresse.

O QUE PROVOCA ESTRESSE EM SUA VIDA?

A seguir estão os resultados de um estudo de 2017 da American Psychological Association (APA) para descobrir as causas comuns do estresse nos indivíduos:

- 63% – Futuro da nação
- 62% – Finanças
- 61% – Emprego
- 57% – Política
- 51% – Crime

Outras causas importantes são saúde, relacionamentos, sobrecarga da mídia e falta de sono.

PROCESSO – Usando as informações acima, o que mais provoca estresse em sua vida?

DIZER "NÃO" EM VEZ DE "SIM" PARA LIDAR COM O ESTRESE

Lidar com o estresse de forma eficaz significa que você deve desenvolver uma capacidade de estruturação de caráter para *definir limites consigo mesmo e com os outros*.

O estresse sempre é autoinduzido por causa de uma inabilidade de saber "quando dizer quando". Muitas pessoas, atualmente, assistem de uma vez só sua série favorita como forma de relaxamento. Apesar de este comportamento poder ajudar no início, a exposição prolongada à mídia, a extrema estimulação, e a falta de sono tem um efeito adverso nos níveis de estresse.

Atualmente, você deve aprender a dizer não mais do que sim se deseja gerenciar o estresse de forma eficaz. Você deve ser quem define os limites. Só porque alguém espera que você responda um email ou um texto às 22 horas, não significa que você tenha que fazê-lo.

PROCESSO – Liste três áreas principais onde você pode começar a dizer não para ajudar a reduzir seu estresse.

O QUE É ANSIEDADE?

"O início da ansiedade é o fim da fé, e o início da verdadeira fé é o fim da ansiedade."

– George Muller

Em 1947, W. H. Auden escreveu um longo poema de seis partes chamado "A era da ansiedade" que ganhou o prêmio Pulitzer. Ele não sabia que sua perspectiva se encaixaria perfeitamente em nossos dias atuais.

A ansiedade é possivelmente a maior epidemia que a nossa sociedade enfrenta mesmo estando mais segura, mais saudável e podendo acessar mais rapidamente as informações do que qualquer outra época da história.

MAS O QUE É ANSIEDADE?

O dicionário define ansiedade como um sentimento de preocupação, nervosismo, ou intranquilidade, tipicamente sobre um evento iminente ou algo com um resultado incerto.

O QUE PROVOCA PREOCUPAÇÃO E ANSIEDADE EM SUA VIDA?

Você sabia que preocupação e ansiedade são autogerados?

Embora possa ser disparado por eventos e circunstâncias externas, torna-se anormal ou prejudicial quando a obsessão é pelo "E se?".

Um estudo da University of Florida revelou que 40% das pessoas se preocupam com coisas que nunca acontecem, 30% se preocupam com coisas do passado que elas não podem controlar, 12% se preocupam com sua saúde mesmo que estejam perfeitamente bem, e 10% se preocupam com a família e amigos que estão bem. Somente 8% tem algum motivo real com o qual se preocupar!

> **PROCESSO** - Escreva algo que pode provocar uma grande onda de ansiedade em sua vida. Depois de identificá-lo, pense em qual a probabilidade de este evento acontecer realmente.

ANSIEDADE NORMAL E ANORMAL

Qual é a diferença entre um tipo "normal" de ansiedade e um "anormal"?

Ansiedade normal é quando se tem preocupações ou pensamentos sobre finanças, crianças, escola, trabalho, etc. **Ansiedade anormal** é persistente, irracional, incontrolável, preocupação debilitante, pavor, fixação sobre o futuro ou sobre algo que possivelmente possa dar errado.

A palavra em inglês "anxiety" (ansiedade) vem da palavra em inglês que significa "to strangle" (estrangular). Em Marcos 4.19, Jesus nos diz que as ansiedades e as preocupações deste mundo nos "estrangulam/sufocam".

Sendo assim, a imagem bíblica da constante ansiedade diz que ela nos *estrangula* e nos *machuca*.

PROCESSO – Com a consciência de que a ansiedade e a preocupação são geradas em nós mesmos, faça uma tempestade de ideias sobre como você pode alterar seu pensamento quando a ansiedade aparecer.

O QUE É DEPRESSÃO?

Você alguma vez já pensou "Humm, acho que estou com depressão". Esta se tornou uma conclusão muito comum atualmente que devemos nos perguntar se realmente sabemos o que é depressão.

De acordo com a APA (American Psychologists Association), depressão é uma condição de saúde mental que causa tristeza persistente, perda de interesse, e diminuição de funcionalidade em casa e no trabalho.

A depressão pode ser leve ou severa, e os sintomas normalmente incluem sentimento de tristeza, ganho ou perda de peso, sono demais ou de menos, sentimentos de desesperança ou indignidade, dificuldade de concentração e pensamentos de morte e suicídio.

O QUE PROVOCA A DEPRESSÃO?

Pode ser difícil citar as causas exatas da depressão. Frequentemente é uma combinação de vários fatores que devem ser todos levados em consideração. A seguir estão alguns desses fatores que podem contribuir com a depressão:

- Bioquímico: desequilíbrio químico
- Genética: histórico familiar
- Personalidade: autoimagem, sensibilidade, cinismo, memória seletiva
- Fatores ambientais: trauma, abuso, perda, doença, álcool, drogas, estresse

O QUE FAZER SE VOCÊ ACHA QUE ESTÁ COM DEPRESSÃO

Primeiro, saiba que depressão é uma ocorrência comum e você não está sozinho.

Além disso, você sabia que a Bíblia tem muitos exemplos de indivíduos que lutavam com casos de tristeza e frustração extrema?

(Davi, Salmo 38.4-8; Elias, 1 Reis 19.4; Jonas 4.3,9; Jó 3.11,26; Moisés, Êxodo 32.32; Salomão, Eclesiastes 1.18; Jeremias 20.14,18; Jesus, Marcos 14.34; Paulo, Filipenses 1.23)

Se você suspeita que esteja lutando contra a depressão, recomendamos que tome as seguintes atitudes:

Peça ajuda – Pode parecer difícil aproximar-se de outra pessoa, relacionamentos são um benefício tremendo quando lidamos com a depressão.

Pense sobre sua perspectiva – Tente ver o lado bom em sua vida e pratique a gratidão.

Cuide do seu corpo – Dormir melhor, seguir uma dieta, fazer exercícios e evitar drogas e álcool podem elevar o humor e o bem-estar geral.

Sirva – Sair de dentro de si mesmo e oferecer ajuda aos outros lhe ajuda a sentir uma parte de algo maior.

Não ignore remédio e aconselhamento – Profissionais da área médica podem ser de grande ajuda na batalha contra a depressão junto com aconselhamento e terapia a fim de processar sua história e seus eventos de vida.

O QUE É DESEJO?

Desejo pode ser entendido simplesmente como **decidir seu coração em relação a algo**.

Isso inclui todas as coisas pelas quais é apaixonado e pelas quais tem esperado. Desejo é poderoso e a questão não é se você vai experimentar o desejo, mas como e para quê.

Desejos são neutros – isso significa que eles não são nem bons e nem maus. É como reagimos aos nossos desejos que é importante na estruturação do caráter. Os nossos desejos nos controlam? Nós permitimos que nossos desejos criem expectativas não realistas para a vida? Estar ciente destes tipos de perguntas nos ajuda a usar nossos desejos da maneira que Deus pretendeu.

O QUE É UM DESEJO SAUDÁVEL?

Em nossos dias, a emoção tem se tornado um meio significativo pelo qual as pessoas decidem se algo é bom ou mau, positivo ou negativo, certo ou errado. O desejo agora é utilizado como forma de julgar a moralidade. Você pode pensar "Deve ser bom para mim porque eu desejo isso", ou "Porque eu me sinto mal, algo deve estar errado".

No entanto, todos nós sabemos que só porque queremos algo não significa que seja bom para nós. Além disso, só porque estamos lutando não significa que não estejamos bem.

Esta é a razão porque devemos ser capazes de separar o desejo saudável do desenho prejudicial.

Historicamente, a palavra "cobiça" tem frequentemente sido usada para caracterizar desejo prejudicial. ***A luxúria está sendo manipulada pelo seu desejo de forma a controlar você.***

> **PROCESSO** – Quais são algumas coisas que você desejou de tal forma que controlaram sua vida?

COMO UTILIZAR SEU DESEJO

Para usar seu desejo de uma forma saudável, encontre uma perspectiva sobre o que você deseja que venha do seu exterior.

Isso significa que você rejeita confiar em suas emoções como a fonte primária para compreender o que é saudável e o que não é saudável.

No mundo antigo, as pessoas decidiam se algo era saudável dentre as seguintes formas: Isto é verdadeiro ou real? Isto é bom ou virtuoso? Isto é belo ou excelente? A verdade, a bondade e a beleza poderiam ser usadas para avaliar o que é saudável ou não porque elas não estão baseadas na *opinião*. Algo não pode ser verdadeiro e falso ao mesmo tempo. Isso também acontece com a bondade e a beleza. ***Algo será verdadeiro, bom e belo ou não.***

Aprender como usar seu desejo de uma forma saudável inicia com o questionamento sobre se o que você deseja é verdadeiro, se resultará em bondade e se produzirá beleza.

PROCESSO – Qual papel a Bíblia pode exercer na ajuda da compreensão do que é verdadeiro, bom e belo?

1.9

O QUE É FELICIDADE?

"Felicidade não é um destino, é um estilo de vida."

– Anônimo

Atualmente é possível que não haja uma questão mais confusa – principalmente em uma cultura em que a ansiedade, a depressão e as taxas de suicídio têm aumentado ao longo dos últimos 75 anos à taxa mais elevada de todos os tempos.

Responder esta questão é mais crítico que confuso, porque felicidade está no centro de toda existência, esperança e desejo humanos.

No dicionário, felicidade está definida como "a qualidade ou o estado de ser feliz". No entanto, esta definição não nos ajuda, em termos práticos, quando ela vem para a vida real.

Felicidade é mais do que apenas uma emoção, um ápice prazeroso, uma experiência de se sentir bem baseado em uma circunstância. É um forte sentido de estabilidade desenvolvido por viver uma vida de maneira específica. Assim como a citação acima ilustra claramente, felicidade é encontrada na forma que vivemos e estruturamos nossas vidas.

A FELICIDADE É UM BOM OBJETIVO?

Você não tem escolha a não ser ter a felicidade como objetivo por toda a sua vida, porque você foi feito para isso!

Temos tido o privilégio no LTI de fazer, para centenas de pessoas, a seguinte pergunta "Qual é o objetivo da sua vida?", a resposta que recebemos, em quase 100% do tempo, foi "ser feliz". Se as pessoas não diziam isso, elas nos davam uma lista de coisas que as fazem feliz.

No entanto, onde podemos encontrar a estrutura, o paradigma ou o modelo mais seguro para cultivar uma vida de felicidade?

Você sabia que a Bíblia tem mais de 100 palavras para se referir à felicidade? Uma palavra utilizada nas Escrituras para felicidade é "**Bem-aventurado"**, a qual aparece mais de 50 vezes no Novo Testamento. Felicidade também é um conceito demonstrado consistentemente em toda Escritura (Mateus 5.1-12; João 13.17, 20.29; Atos 20.35; Romanos 4.7-8; 1 Timóteo 1.11, 6.15; Tiago 1.12, 25; 1 Pedro 3.14, 4:14).

Jesus disse também em referência a sua própria missão: "O ladrão vem somente para roubar, matar e destruir; *eu vim para que tenham vida e a tenham em abundância*" (João 10.10). Não é confortante saber que Deus é feliz e deseja felicidade para você também?

PROCESSO – Como uma compreensão bíblica da felicidade influencia sua visão sobre a vida e sobre o desejo de ser feliz?

COMO BUSCAR A FELICIDADE?

Buscar a felicidade começa com uma mudança de perspectiva. É importante compreender que felicidade é formada antes de ser sentida a fim de saber como ela acontecerá em sua vida.

Como afirmado anteriormente, felicidade é construída com o tempo. A estruturação de caráter nos ajuda a desenvolver o tipo de direção e estabilidade na vida que aumenta nosso bem-estar. A felicidade vem não pela sua busca de forma direta, mas como resultado de buscar aquilo que a produz.

Conforme C.S. Lewis afirmou no livro *God in the Dock*, "Você não pode conseguir as coisas secundárias colocando-as em primeiro lugar; você só pode conseguir as coisas secundárias colocando-as as coisas primárias em primeiro lugar". Isso significa que a felicidade é resultado de viver a vida de uma forma específica – forma na qual o prazer não é o foco único, mas tem seu lugar correto.

PROCESSO – Como a perspectiva acima muda a forma de vermos a felicidade? Qual é a primeira coisa a ser alterada para que você comece a desenvolver um maior sentido de estabilidade?

DIMENSÃO DOIS

ALMA
Relacional

Amar a Deus de toda a sua alma significa que você está aprendendo e crescendo sobre como ter relacionamentos saudáveis. Esta seção o ajudará a compreender e a melhorar seus relacionamentos com pessoas importantes em sua vida e com Deus.

EMOCIONAL

CORAÇÃO - Processo emocional

Amar a Deus com seu coração significa que está aprendendo e crescendo sobre como ter uma vida emocional saudável.

RELACIONAL

ALMA - Processo relacional

Amar a Deus com sua alma significa que você está aprendendo e crescendo sobre como ter relacionamentos saudáveis.

MENTE - Processo Intelectual

Amar a Deus com sua mente significa que você está aprendendo e crescendo em conhecimento, como pensar bem sobre sua vida.

FORÇA - Usando sua influência

Amar a Deus com sua força significa que você está aprendendo e crescendo sobre como colocar sua criação única em ação.

INTELECTUAL

VOCACIONAL

O QUE É TRINDADE?

A ideia de "Trindade" distingue unicamente o Cristianismo de todas as outras religiões do mundo.

Refere-se a um Deus que existe em três pessoas, que são todas iguais e também distintas: Deus Pai, Deus Filho, e Deus Espírito Santo.

COMO COMPREENDER A TRINDADE

"Ouve, Israel: O Senhor, nosso Deus, é o único Deus."

– Deuteronômio 6.4

No versículo acima, vemos a unicidade enfatizada em referência a Deus. Isso implica que Deus está unificado e ainda possui vários aspectos. A linguagem antiga de hebreus define a palavra "único" como um ramo de uvas. Esta ilustração nos ajuda a compreender a Trindade com o conceito de que um único ramo é formado de uvas individuais.

Outra descrição da Trindade é a "Tri-unidade", que coloca o foco diretamente na união deles!

Alister McGrath escreveu que a Trindade "permite que a individualidade das pessoas seja mantida, enquanto insiste que cada pessoa compartilhe na vida das outras duas. Uma imagem frequentemente utilizada para expressar a ideia de uma 'comunidade de ser' . . . "[1]

PROCESSO – Como a Trindade influencia sua compreensão de comunidade?

A TRINDADE COMO UM MODELO PARA O RELACIONAMENTO

Onde você encontra seu retrato para um relacionamento saudável?

A imagem apresentada da Trindade é o epitome da conexão relacional. O modo como os três membros se conectam e se relacionam um com o outro é o principal exemplo de como devemos nos relacionar e nos conectar uns com os outros nos relacionamentos. Como uma alma, você deve estar em relacionamento conectado com outras almas. Então, pode-se dizer que amar a Deus de toda sua alma significa aprender como amar de verdade os outros.

Tim Keller a descreveu como: "Cada uma das pessoas divinas está centrada nas outras. Nenhuma exige o que as outras girem em torno de si. Cada uma, voluntariamente, circunda as outras duas, derramando amor, deleite, e adoração sobre elas. Cada pessoa da Trindade ama, adora, difere-se e regozija-se em relação às outras. Isso cria uma dança dinâmica e pulsante de alegria e amor".[2]

PROCESSO – Se você se conectasse ou se relacionasse do modo que os membros da Trindade fazem, quão diferente seriam seus relacionamentos? (Por exemplo, marido/mulher, pai/filho, amizade, chefe/funcionário.)

RELACIONAMENTO

2.1

A IMPORTÂNCIA DA FAMÍLIA

"Uma família compartilha coisas como sonhos, esperanças, posses, memórias, sorrisos, desaprovações, e alegrias... Uma família é um clã unido por uma cola de amor e um cimento do respeito mútuo. Uma família é abrigo na tempestade, um porto amigável quando as ondas da vida se tornam muito agitadas. Nenhuma pessoa está sozinha quando é um membro de uma família."

– Rudyard Kipling

Existem duas categorias de famílias: **origem (biológica)** e **opção (relacional)**. Família significa muitas coisas para muitas pessoas, mas é essencialmente um lar que consiste de, pelo menos, um pai ou uma mãe e um ou mais filhos. Sua família de origem (FDO) é sua família biológica, com quem você está geneticamente conectado.

No entanto, sua família de opção é sua família adotada com quem você está conectado de forma relacional. Quando falamos do que é principal, existe uma frase popular, "sangue é mais grosso que água". Isso é verdade? A sua família de origem é "mais grossa" do que sua família de opção?

A PERSPECTIVA DE JESUS SOBRE FAMÍLIA

Jesus falou sobre nascer de novo e formar parte de uma família de Deus. E Ele até sugeriu que fazer parte da família de Deus é uma obra maior do que ser parte de uma família biológica.

"Falava ainda Jesus ao povo, e eis que sua mãe e seus irmãos estavam do lado de fora, procurando falar-lhe. E alguém lhe disse: Tua mãe e teus irmãos estão lá for a e querem falar-te. Porém ele respondeu ao que lhe trouxera o aviso: Quem é minha mãe e quem são meus irmãos? E, estendendo a mão para os discípulos, disse: Eis minha mãe e meus irmãos. Porque qualquer que fizer vontade de meu Pai celeste, esse é meu irmão, irmã e mãe!'"

– Mateus 12.46-50

"Mas, a todos quantos os receberam, deu-lhes o poder de serem feitos filhos de Deus, a saber, aos que creem no seu nome; os quais não nasceram do sangue, n em da vontade da carne, nem da vontade do homem, mas de Deus."

– João 1.12-13

PROCESSO – Como a perspectiva de Jesus, descrita acima, desafia sua compreensão de família? É encorajador? Desconfortável?

A FAMÍLIA DE DEUS

Por causa da separação da família biológica na cultura, muitas pessoas lutam com a sensação de pertencer e não saber quem eles realmente são ou de que lugar realmente fazem parte. A família de Deus é onde podemos compreender quem verdadeiramente somos, e onde encontramos nosso lugar de pertencimento para sempre.

FAMÍLIA DE DEUS

2.2

2 Coríntios 6.16,18 diz: "Habitarei e andarei entre eles, serei o seu Deus e eles serão o meu povo . . . Serei o vosso pai e series para mim filhos e filhas, diz o Senhor Todo-Poderoso."

PROCESSO – Em suas próprias palavras, descreva a esperança e as pessoas associadas com a família de Deus em sua vida.

O FRACASSO DA AMIZADE

Atualmente, estamos mais conectados do que estivemos em toda a história da humanidade, e nossa habilidade de nos comunicarmos com os outros através de vários canais está, literalmente, na ponta dos nossos dedos. Em um mar de ferramentas sociais criadas para interação, a solidão continua a aumentar em taxas epidêmicas, ao ponto de se tornar uma crise na saúde pública.

David Brooks escreveu: "Há décadas, as pessoas normalmente respondiam aos pesquisadores que elas tinham entre 4 e 5 amigos próximos, pessoas com quem poderiam falar sobre tudo. Agora, a resposta comum é dois ou três, e o número de pessoas sem nenhum amigo próximo duplicou. 35% dos adultos relatam estarem cronicamente sozinhos, um crescimento de 20% se comparado com a última década."[3]

A realidade é que todos precisamos de amigos e que não temos que viver a vida sozinhos!

A FUNDAÇÃO DA AMIZADE

Muitos dizem: "o amor é a resposta". No entanto, se o amor é a resposta, então qual é a pergunta?

A pergunta, hoje, gira em torno, principalmente, de como o amor está definido. Pode ser muito confuso que fiquemos sem a habilidade de compreender o amor, até mesmo no nível mais básico. Na linguagem antiga dos gregos, o amor tinha quatro palavras, cada uma comunicava um aspecto diferente do amor: amor erótico, amor parental, amor divino e amor de amigos.

O amor que direciona a amizade é o tipo de amor criado para definir todas as nossas relações, principalmente nossas relações com nossos iguais. Ele funciona como uma atenção afetuosa entre iguais para formar uma rica troca mútua de relacionamento.

Assim como a eletricidade flui de um ponto ao outro, o amor se move de um indivíduo para o próximo. É a corrente por onde todo relacionamento passa.

PROCESSO – Descreva como o amor influencia sua perspectiva sobre amizade.

A IMPORTÂNCIA DA AMIZADE

Construir uma grande amizade é um risco tremendo. Requer uma compreensão de muitos dos aspectos já citados pela Dimensão Um. A habilidade de ser vulnerável e de se comunicar sobre coisas como estresse, ansiedade, frustração ou depressão é o que profundamente conecta os amigos.

O poeta inglês John Milton observou que a solidão foi a primeira coisa "não boa" na criação: "Solidão foi a primeira coisa que os olhos de Deus chamou de não boa".

> *"Disse mais o Senhor Deus: Não é bom que o homem esteja só.'"*
>
> – Gênesis 2.18

O próprio Deus admite que um relacionamento com Ele somente não é suficiente. Além disso, a admissão de Deus sobre a necessidade de relacionamento não é apenas sobre casamento. É sobre o tipo de companheirismo que a verdadeira amizade produz.

PROCESSO – Quem são seus amigos mais próximos? Quais maneiras você pode usar para desenvolver uma amizade mais profunda?

DEFININDO LIMITES E ESTRUTURAÇÃO DE CARÁTER

Assim como precisamos estar conectados em relacionamentos com os outros, também precisamos saber como definir os limites. Encontrar este equilíbrio nos ajuda a manter amizades saudáveis por um longo período de tempo e é essencial para o processo de estruturação de caráter.

À medida que seu caráter se desenvolve, ele lhe dá a habilidade necessária para ter relacionamentos saudáveis enquanto também mantém um sentido de sua própria individualidade. Definir limites lhe ajuda a gerenciar pessoas em sua vida de forma apropriada, mas você também precisa saber como gerenciar os estressores da vida.

COMO DEFINIR LIMITES

Hoje, a vida requer "não" mais do que "sim" e é uma das principais habilidades que você deve aprender a gerenciar por toda a vida, de uma maneira saudável.

Nosso mundo conectado exige de nós uma resposta imediata. Infelizmente, às vezes, aqueles mais próximos de nós podem ser a fonte de nosso maior desafio ao definirmos limites. Temos que nos lembrar de que a estruturação de caráter constrói nossa arquitetura interna para nos ajudar a resistir às pressões, expectativas e requisitos da vida.

Desenhar as linhas é que lhe ajuda a criar limites com a família, com os amigos e com o ritmo de vida em um mundo de coisas imediatas e exageradas.

De acordo com Dr. Henry Cloud e John Townsend, os limites são "linhas invisíveis de propriedade" que definem para nós e para os outros onde a responsabilidade nossa e deles começa e termina.[4]

PROCESSO – Descreva um limite que precisa definir na vida ou em um relacionamento que poderia já ser uma ajuda de imediato.

O DESAFIO DE DEFINIR LIMITES

"Tendo-se levantado alta madrugada, saiu, foi para um lugar deserto e ali orava. Procuravam-no diligentemente Simão e os que com ele estavam. Tendo-o encontrado, lhe disseram: Todos te buscam. Jesus, porém, lhes disse: Vamos a outros lugares, às povoações vizinhas, a fim de que eu pregue também ali, pois para isso é que eu vim.'"

– Marcos 1.35-38

Definir limites não fará ninguém feliz. Algumas pessoas da sua vida poderão ficar muito frustradas pelos seus esforços de criar espaço para relacionamento mais saudável.

Ter a habilidade de desligar e religar em sua total capacidade beneficia todos em longo prazo. Conforme mostrado pela passagem acima, Jesus modelou esta habilidade mesmo quando outros questionavam ou reclamavam mais dele.

PROCESSO – Quando você escolhe desligar, o que lhe ajuda reabastecer e religar?

O QUE É PERDÃO?

"Todos dizem que perdão é uma linda ideia até terem que perdoar algo."

– C.S. Lewis

O dicionário define a palavra "perdão" simplesmente como "conceder perdão".

Na Bíblia, vemos duas condições diferentes ilustradas como perdão. Por 150 vezes, é "perdoar, liberar, ou enviar de volta" e 27 vezes "mostrar bondade ou dar graça". O primeiro é um tipo condicional de perdão, que significa que existe uma condição que deve ser cumprida primeiramente para depois o perdão ser realizado. O segundo é incondicional, significando que nenhuma condição é necessária para que o perdão seja liberado.

POR QUE PERDOAR?

"Suportai-vos uns aos outros, perdoai-vos mutuamente, caso alguém tenha motivo de queixa contra outrem. Assim como o Senhor vos perdoou, assim também perdoai vós."

– Colossenses 3.13

Vamos ser honestos- perdão é algo difícil! Todos podemos ser rápidos a apontar quando alguém deve pedir perdão e pedir o nosso perdão, mas ao mesmo tempo, lutamos para admitir as coisas erradas que fizemos. É parte da condição humana pecadora que compartilhamos. Mas, a Bíblia nos encoraja a perdoar frequentemente. Por quê? Porque é bom para nossa saúde.

De acordo com a pesquisa estabelecida, existem benefícios de saúde mental que vêm com o perdão, incluindo menos ansiedade, menor pressão arterial, Sistema imunológico mais forte, melhora na autoestima e melhores relacionamentos.[5]

Não apenas temos que liberar perdão aos outros, mas devemos também oferecer esta mesma graça a nós mesmos. Para atingir cura e crescimento, devemos ser capazes de nos libertarmos da culpa e da vergonha que carregamos do passado. A mesma pesquisa também revela que guardar a culpa e a vergonha afeta negativamente nossa saúde.

PROCESSO – Há algo ou alguém em sua vida que você deseje perdoar?

COMO PERDOAR

Dr. Henry Cloud fornece um grande modelo de perdão. Ele recomenda seguir os seguintes passos:

1. Chore a ofensa – não minimize o dano causado
2. Metabolize a ofensa – processe o impacto do que foi feito
3. Siga adiante – deixe a ofensa para trás[6]

PROCESSO – Decida sobre uma vez em que você tentou realizar este processo com a ofensa que listou acima.

O QUE É EMPATIA?

A definição do dicionário para empatia é "sofrer com o outro", e a palavra compaixão significa literalmente "sentir com o outro".

O conceito do grego antigo para compaixão significa "ser tocado nas entranhas ou intestinos", o que explica por que, para a cultura greco-romana, a fonte de pena ou misericórdia de alguém não era o coração, e sim as tripas.

A realidade é quando você "sofre com" ou "sente com" alguém, quando você experimenta isso em seu estômago. Inclui-se entrar na dor de alguém e experimentar de suas feridas como essa pessoa faz.

POR QUE EMPATIA É IMPORTANTE?

De acordo com um estudo publicado na revista *Scientific American,* empatia e compaixão estão em uma queda acentuada em nosso país. A pesquisa revelou que 75% de 14.000 alunos avaliaram a si mesmos como menos empáticos do que a média dos alunos de 30 anos atrás.[7]

É muito fácil, para nós, saber o que não é empatia.

Em um mundo dirigido por desempenho e produtividade, existe pouco tempo de dor. Somos treinados que quando alguém vai mal, nós simplesmente continuamos adiante.

No entanto, não era este o modo de Jesus tratar. Mateus 9.35-36 diz "E percorria Jesus todas as cidades e povoados, ensinando nas sinagogas, pregando o evangelho do reino e curando toda sorte de doenças e enfermidades. Vendo ele as multidões, compadeceu-se delas, porque estavam aflitas e exaustas como ovelhas que não têm pastor".

Empatia é importante atualmente simplesmente porque existe uma grande falta dela. Quando nós deixamos de olhar para nós e observamos a vida de outra pessoa, deixamos que os outros saibam que nós os amamos e que não estamos inconscientes do que eles estão passando.

PROCESSO – Descreva um evento recente em que você ofereceu empatia a um amigo próximo ou a um membro da família.

COMO DESENVOLVER A EMPATIA

Podemos desenvolver um mais alto nível de empatia entrando no sofrimento de outros da seguinte forma:

1. Tomar ciência do que os outros estão passando
2. Estar presente
3. Ajudar a outra pessoa a processar suas emoções
4. Validar sua dor
5. Identificar-se com o sofrimento pelo qual estão passando

PROCESSO – Existe alguém atualmente em sua vida que se beneficiaria com sua reação empática em relação à dor desta pessoa?

O QUE É COMUNICAÇÃO?

Uma razão importante de as pessoas sofrerem na vida é a falta de habilidade de comunicar-se com os outros.

Você acha que isso seja verdade?

Um conceito que tem mais de 126 definições, de acordo com os estudiosos a comunicação é difícil de ser compreendida. No entanto, o pesquisador Bill Strom oferece uma clara perspectiva sobre a palavra quando ele diz que comunicação é "o processo pelo qual duas ou mais pessoas enviam mensagens via diversos canais com o potencial para alguma interferência".[8]

COMO OCORRE A COMUNICAÇÃO?

Uma grande comunicação é uma arte e uma ciência. É o caminho para ter nossas ideias recebidas e para construir harmonia nos relacionamentos. No processo de estruturação de caráter, a comunicação é uma das habilidades mais importantes. Então, devemos saber como ela funciona antes de podermos melhorar nossa habilidade de nos comunicarmos. A seguir, estão as sete fases da comunicação:

1. Existe um "remetente" que codifica a mensagem.
2. Existe um "receptor" que decodifica a mensagem.
3. Existe um "meio" que carrega a mensagem.
4. Existe um "contexto" para receber a mensagem.
5. Existe um "ruído" que interrompe a mensagem.
6. Existe um "comentário" dado a partir do "receptor".
7. Existem "efeitos" a partir da mensagem compartilhada.

A interrupção na comunicação ocorre quando o "ruído" entra no meio da mensagem, o "contexto" para a mensagem não está claramente estabelecido, ou a mensagem não recebe nenhum "comentário" daquele que a recebeu. Por exemplo, se um email de trabalho acidentalmente vai parar na lixeira, então o "ruído" o bloqueou de ser entregue. Além disso, se o mesmo email, quando entregue, não contiver uma clara razão de por que ele foi enviado, então há um "contexto" ausente para aquele que o recebeu. Finalmente, se o receptor falha em responder, então não existe "comentário" e a interrupção ocorre.

PROCESSO – Quando você experimentou uma interrupção na comunicação por causa de um "ruído", falta de "contexto" ou de "comentário"?

COMO SE TORNAR UM MELHOR COMUNICADOR

Tornar-se um melhor comunicador tem a ver com aprender a gerenciar o "ruído", o "contexto" e o "feedback".

Faça tudo o que puder para eliminar o ruído que evita a recepção da sua mensagem, sabendo que isso nem sempre é possível. Conforme mostrado pela ilustração anterior, você não consegue controlar um email que acidentalmente é desviado para a lixeira, mas pode se conectar com o "receptor" pretendido e ver se ele chegou. Solicitar comentário significa dialogar com outros sobre como eles estão recebendo suas mensagens e, então, refletir sobre o comentário que você recebe.[9]

O QUE É CONFLITO?

A maioria de nós provavelmente diz que estamos bem familiarizados com conflito porque sabemos como evitá-lo!

Conflito acontece quando existe colisão, desacordo, oposição ou choque de pessoas ou partidos, frequentemente resultando em uma briga, batalha ou luta prolongada.

Por que evitamos o conflito?

O conflito é uma forma de "realidade negativa" e uma parte regular da experiência humana. Parte da integração da realidade negativa em nossas vidas é processar o que acontece conosco e ao nosso redor. Processamos o conflito do mesmo modo como processamos a comida. Assim como absorvemos nutrientes e expelimos o lixo depois de comer, também absorvemos o que é saudável e expelimos o que é tóxico de nossos conflitos. Em quase todo conflito, a experiência de trabalhar e buscar uma solução é valiosa. Além disso, podemos atribuir um valor positivo para cada conflito pelo valor que ele adiciona ao nosso caráter.

CONFLITO É INEVITÁVEL

Um grupo de historiadores se reuniu em uma grande conferência, não faz muito tempo, em Londres, para comparar observações e descobrir que em 4.000 anos de história registrada, somente 286 desses anos foram pacíficos no mundo. Ao longo do tempo, quase 15 mil (14.351) guerras foram travadas e, pelo menos, 8.000 tratados de paz foram feitos e *quebrados*!

Talvez seja por isso que *The New York Times* uma vez declarou que a "paz é uma fábula".

Fatos sobre conflito:

1. Conflito é inevitável
2. Conflito nem sembre é ruim
3. Conflito é uma oportunidade de crescimento
4. Conflito pode ser resolvido

PROCESSO – Descreva um conflito recente que você fez parte e como seu caráter mudou como resultado.

RESOLVENDO BEM O CONFLITO

Parte do processo de estruturação de caráter está aprendendo a abordar o conflito como um recurso importante para seu crescimento e desenvolvimento pessoal. Por meio disso, aprendemos a apreciar como o confronto e o conflito melhora e aprofunda nossos relacionamentos com outros. Quando superarmos a ideia de que conflito é ruim e pararmos de temer e evitá-lo, então começaremos a crescer e a desenvolver além de nossa habilidade, não apenas pessoalmente, mas também de forma relacional!

Desafio e confronto estão muito bons para nós e a Bíblia fala frequentemente deles.

"Melhor é a repreensão franca do que o amor encoberto. Leais são as feridas feitas pelo que ama, porém os beijos de quem odeia são enganosos" (Provérbios 27.5-6).

"Como o ferro com o ferro se afia, assim, o homem, ao seu amigo" (Provérbios 27.17).

"Melhor é ouvir a repreensão do sábio do que ouvir a canção do insensato" (Eclesiastes 7.5).

De acordo com o Drs. Henry Cloud e John Townsend, nós crescemos na verdade de forma pessoal e relacional por meio do confronto.[10]

O QUE É JUSTIÇA?

De acordo com *World Vision*, "Justiça é o primeiro e principal termo relacional – pessoas vivendo em um relacionamento correto com Deus, uns com os outros e com a criação natural. A partir de um ponto de vista das Escrituras, 'justiça' significa amar nosso próximo como nós amamos a nós mesmos e está enraizada no caráter e na natureza de Deus. Como Deus é justo e amável, então somos para chamados para fazermos justiça e vivermos em amor."[11]

Existem três diferentes tipos de justiça:

- O primeiro é justiça **retributiva** e se refere à punição por ofensas.
- O segundo é justiça **distributiva** e se refere ao compartilhamento de benefícios e fardos.
- O terceiro é justiça **restaurativa** e se refere à conciliação de vítimas e criminosos.

POR QUE JUSTIÇA É IMPORTANTE

A justiça em todas as suas formas é um assunto bíblico – a Bíblia contém vários milhares de versículos sobre justiça. Apenas nos evangelhos, 1 de 10 versículos é sobre alguma forma de injustiça. Na verdade, Jesus falava mais sobre justiça e injustiça do que sobre céu e inferno, violência, e imoralidade sexual. Justiça é, na verdade, o segundo assunto mais proeminente depois do foco errado na adoração.

Até o século XX, havia uma forte conexão entre a adoração equivocada de uma civilização e a injustiça, mas esta conexão se tornou mais grave, em algum tempo, durante os últimos 100 anos. John Stott chamou este dano de "A Grande Reviravolta" porque historicamente, ao longo dos séculos, os cristãos sempre estiveram à frente dos assuntos de justiça.

PROCESSO – Como você vê a adoração equivocada de nossa cultura contribuir com a injustiça nas vidas das pessoas? Em sua opinião, quais as coisas adoradas por nós causam isso?

POR QUE IMPORTAR-SE COM A JUSTIÇA?

Simples: uma pessoa com caráter forte se importa com outras e com o mundo ao redor delas.

Miquéias 6.8 diz: "Ele te declarou, ó homem, o que é bom e que é o que o Senhor pede de ti; que pratiques a justiça, e ames a misericórdia, e andes humildemente com o teu Deus".

Nossa vida em exposição é o reflexo do caráter de Deus em nós (2 Coríntios 3.17-18) e pavimenta a estrada para que outros vejam a beleza que o relacionamento com Jesus tem a oferecer. Em outras palavras, é a glória Dele revelada por meio da sua vida e das suas ações. É por isso que a justiça é tão importante, podemos ajudar as pessoas a compreender as "boas novas" que nos aguardam em um relacionamento com Jesus. No entanto, também é como derrotamos o mundo tenebroso e o mal que busca destruir o bom que Deus tem para nosso mundo.

Edmund Burke disse: "A única coisa necessária para o triunfo do mal é os homens bons não fazerem nada".

PROCESSO – Você consegue pensar em assuntos que o incomodam neste mundo, onde pode ter um impacto?

O BOM COMUM E O BOM FORA DO COMUM

Em nossa última sessão, descobrimos que até o século 20, havia uma forte conexão entre a adoração equivocada de uma cultura e injustiça. John Stott chamou esta moderna desconexão "A Grande Reviravolta" porque historicamente os cristãos sempre estiveram à frente dos assuntos de justiça.

O que aconteceu? Por que os cristãos param de se importar com a justiça?

Nos últimos cem anos, alguns cristãos começaram a crer que a adoração equivocada era um assunto "religioso" e que a injustiça não era um assunto "político". Cristãos e igrejas, então, começaram a dividir-se em dois grupos – um enfatizando a "salvação de almas" e o outro, enfatizando a "ação social". A diferença essencial entre os dois grupos podem ser resumidos com os termos utilizados por John Piper em uma abordagem no Congresso da Cidade do Cabo em 2010, quando ele disse que uma pessoa foca no "sofrimento presente" e a outra, no "sofrimento eterno".

O alívio do sofrimento presente é chamado de "justiça social" enquanto que o alívio do sofrimento eterno é "evangelismo" ou o compartilhar das "boas novas". A justiça social é sobre o **bom comum,** mas o evangelismo é sobre o **bom fora do comum**, e Tomás de Aquino escreveu que "o bom fora do comum pode fazer com que este próximo seja levado à verdade". Então, por um lado, o alívio do sofrimento eterno parece mais importante.

SÓ BOAS NOVAS?

Por outro lado, Jesus se importava profundamente em aliviar tanto o sofrimento presente e o sofrimento eterno.

Se Jesus tivesse se importado somente com o tipo eterno, então ele teria apenas pregado... ele não teria curado, levantado, alimentado, ouvido e se importado com as pessoas. Jesus esperava que nós também nos importássemos com o sofrimento presente e eterno (Mateus 25.31-46).

De acordo com Jesus e com os apóstolos, o evangelismo e a justiça social estão inextricavelmente conectados e são, igualmente, importantes (Lucas 10.25-37; Tiago 1.27-2.26). Em outras palavras, eles não consideravam um tema e excluíam o outro, mas tratavam de ambos.

> **PROCESSO** – Como esta conexão entre as boas novas e a justiça social muda o modo como você pensa sobre seu relacionamento com outros?

COMPARTILHAR AS BOAS NOVAS?

O padre John Bettuolucci escreveu: "A ação social sem oração e conversão ao Senhor é carente de poder e da habilidade de produzir mudança em longo prazo nas condições socioeconômicas dos pobres. Da mesma forma, a oração e o evangelismo sem uma saída dos problemas sociais é um confronto e um desafio à mudança".[12]

Sendo assim, é importante compreender que a estruturação do caráter de alguém equipa um indivíduo a amar completamente: Deus, o eu, e os outros. Amar os outros não é apenas uma mensagem, mas o cuidado e a preocupação de fornecer tudo o que é necessário para transformar as condições através do relacionamento.

PROCESSO – Quais oportunidades você tem para amar de verdade os outros e ao fazer isso, comunicar as "boas novas"?

DIMENSÃO TRÊS

MENTE
Intelectual

Amar a Deus com toda sua mente significa que você está aprendendo e crescendo em conhecimento, como pensar bem sobre sua vida. Esta seção lhe fornece conhecimento para expandir sua mente e ajudá-lo a melhorar seus pensamentos.

EMOCIONAL

CORAÇÃO - Processo emocional

Amar a Deus com seu coração significa que está aprendendo e crescendo sobre como ter uma vida emocional saudável.

RELACIONAL

ALMA - Processo relacional

Amar a Deus com sua alma significa que você está aprendendo e crescendo sobre como ter relacionamentos saudáveis.

MENTE - Processo Intelectual

Amar a Deus com sua mente significa que você está aprendendo e crescendo em conhecimento, como pensar bem sobre sua vida.

INTELECTUAL

FORÇA - Usando sua influência

Amar a Deus com sua força significa que você está aprendendo e crescendo sobre como colocar sua criação única em ação.

VOCACIONAL

COMO PENSAR SOBRE A VIDA

Pode ser cada vez mais difícil pensar corretamente sobre a vida em um mundo que está constantemente saturado de informações, de mídia e de publicidade, literalmente na velocidade da luz. Então, como devemos pensar sobre a vida em um mundo tão desafiador?

Primeiro, devemos ter um modo de enxergar o mundo. Chamamos isso de visão de mundo.

De acordo com James Sire, "Uma visão do mundo é um compromisso, uma orientação fundamental do coração, que pode ser expressa como uma história ou em um conjunto de pressuposições que mantemos sobre a constituição básica da realidade, e que fornece a fundação sobre a qual vivemos, nos movemos e somos".[13]

Em resumo, uma visão de mundo é a lente pela qual enxergamos e interpretamos o mundo. Quais "lentes" você está usando para enxergar o mundo?

Todo indivíduo possui uma visão de mundo, quer esteja ciente disso ou não. As visões de mundo são adquiridas e não herdadas, são desenvolvidas com o tempo, o que as faz difíceis de serem alteradas.

O livro *Hidden Worldviews* (Visões de mundo ocultas)[14] descreve nove diferente "lentes," cada uma com um foco específico para viver a vida. À medida que observa as nove visões listadas abaixo, descreva como você enxerga sua influência em nosso mundo.

1. Individualismo – vida vivida para si
2. Consumismo – vida vivida para o consumo e materialismo
3. Nacionalismo – vida vivida pela nação
4. Relativismo moral – uma vida de liberdade sem autoridade
5. Naturalismo científico – vida explicada pela ciência e natureza
6. Nova era – vida explicada através do espiritualismo
7. Tribalismo pós-moderno – vida com diversidade e aceitação
8. Salvação por terapia – vida vivida para ficar melhor
9. Teísmo cristão – vida vivida na verdade e na realidade da história de Deus

PROCESSO – Com qual das "lentes" acima você se identifica?

O MODO COMO VOCÊ ENXERGA O MUNDO FUNCIONA?

Uma coisa é acreditar que o modo que você enxerga o mundo é correto. Outra coisa é se esta visão realmente funciona.

Se você acredita que sua abordagem da vida funciona, então não estaria naturalmente aberto para testá-la? No entanto, muitas pessoas não gostam de ser desafiadas ou testadas no que acreditam; elas ficam na defensiva, e até mesmo violentas.

Enquanto pensa sobre sua visão de mundo, tenha em mente que para que ela valha a pena ser defendida, você deve ter evidência (a habilidade de ser testada), ser consistente e fazer sentido.

Vamos pegar como exemplo o relativismo moral. Se esta visão de mundo realmente funcionasse, então toda pessoa deveria ser capaz de definir para si mesmas a melhor maneira de vive. No entanto, a lei está fora de todos nós como uma autoridade. Em um mundo moralmente relativo, deveríamos ser capazes de fazer nossas próprias regras, mas não podemos. Quando o relativismo moral é testado contra a realidade, ele não funciona.

PROCESSO – Como o relativismo moral impactou o modo que você pensa sobre nosso mundo?

FAZENDO A OPÇÃO CORRETA

As Escrituras nos encorajam: "julgai todas as coisas, retende o que é bom" (1 Tessalonicenses 5.21).

Provar cria tensão e tensão é uma coisa boa. Quando as cordas do violão estão frouxas, elas perdem a propriedade de tensão para fazer música. Você deve estar disposto a manter a tensão de ter sua visão de mundo provada para que possa escolher o que é duradouro. Você também deve buscar ser sábio naquilo que escolher. É importante avaliar sua própria visão de mundo para que esteja ciente sobre a maneira que vê o mundo e quão diferente é das visões de outras pessoas. Além disso, você deve ser capaz de pontuar fraquezas em sua visão de mundo e aprender a adaptá-la com o tempo.

O QUE É A BÍBLIA?

Na história humana, não existe uma coleção de livros que foi escrutinada mais do que a Bíblia. Ela ainda é o livro mais vendido de todos os tempos. Como literatura, é gráfica, poética, histórica e relevante para sociedades assim como para indivíduos.

Considerada sagrada pelos judeus e cristãos em todo o mundo, a Bíblia é formada por 66 livros originários de três línguas diferentes escritas por 40 autores colaboradores ao longo de um período de 1500 anos. O milagre da Bíblia é que, independente do número de escritores envolvidos ou do tempo que levou para ser concluída, a mensagem é consistente em revelar Deus para a humanidade.

Mas por que você deveria se importar?

POR QUE PODEMOS LEVAR A BÍBLIA A SÉRIO?

Todo dia você toma decisões morais e éticas. Estas decisões não apenas o afetam como indivíduo, mas também os outros que estão em sua volta.

Como você avalia as decisões que tem que tomar? Consegue verdadeiramente tomar as melhores decisões possíveis sem influência externa?

Levar a Bíblia a sério começa com a compreensão de que ela não surgiu do acaso, mas através de um processo maravilhoso e intencional em que Deus interagiu com pessoas e eventos reais na história humana.

Podemos confiar na Bíblia como um livro inspirado por Deus, porque o livro todo cumpre quatro condições importantes:

1. Para o Antigo Testamento, o livro precisava ter sido escrito por um profeta de Deus. Isto é importante porque estar errado para um profeta custaria sua vida. No Novo Testamento, o livro tinha que ser escrito por alguém que havia encontrado Jesus Cristo de verdade, o que o valida como uma figura real e histórica.

2. O livro tinha que ser escrito antes de 400 a.C. (Antigo Testamento) ou antes de 100 d.C. (Novo Testamento).

3. O livro tinha que estar de acordo com a escritura e os ensinamentos existentes.

4. O livro tinha que ser reconhecido e aceito pela igreja primitiva.*

*Canos, editos e concílios chave incluem o Canon de Marcion (d.C.140); Canon Muratorian (d. C. 170); Editos de Diocleciano (d.C. 302-305); Concílio de Hippo (d.C. 393); Concílio de Carthage (d.C. 397); Concílio de Trento (d.C. 1546).

Os concílios mencionados acima foram encontros em que os livros e os ensinamentos foram intensamente avaliados, quase sempre por centenas de pessoas presentes. Os que estavam presentes testavam a autoridade, a história e os manuscritos de cada livro. Sabendo que a Bíblia passou por uma avaliação tão intencional nos dá confiança do que temos em mãos e como ela veio a ser simplesmente um milagre!

PROCESSO – Você sabia que a Bíblia teve um processo extenso em sua formação e aprovação? Como tudo isso muda sua visão sobre a Bíblia?

PASSANDO PELO TESTE DO TEMPO

Eventos miraculosos na atual história nos mostra que a Bíblia é sobrenatural e não um livro religioso de mitos. Frequentemente, a arquitetura escavada no Meio Oriente revela artefatos, locais, e cidades inteiras citadas na Bíblia. Isto confirma que as Escrituras possuem evidência física e histórica.

Em um artigo publicado no *USA Today* no dia 6 de setembro de 2016, especialistas ficaram entusiasmados em encontrar um rolo de pergaminho em En-Gedi (Mar Morto) datado do século 3 e contendo o Pentateuco: "Para o assombro dos estudiosos, o texto recém divulgado é exatamente o mesmo, tanto em letra quando em formato, que o texto contido na Torá moderna lido por muitos judeus. 'Isto foi surpreendente para nós', disse o coautor do estudo Emanuel Tov da Hebrew University of Jerusalem, 'que em 2.000 anos, este texto não foi alterado'".

Além da evidência da Bíblia, o que é mais miraculoso é como o ensino continua a mudar vidas em todo mundo com a mensagem do amor de Deus.

PROCESSO – O que você descobriu sobre a Bíblia nesta sessão que ainda não sabia?

POR QUE DEUS?

A conversa sobre Deus, hoje, vem com grande confusão. Podemos ouvir que o conceito de Deus é irrelevante e desatualizado. No entanto, Deus é a resposta sem uma pergunta em um mundo onde pessoas estão procurando por respostas e estão famintas por significado. Então, por que Deus é um conceito importante a ser explorado? A resposta simples é porque a existência de Deus é possível.

Existem dois tipos de argumentos para a existência de Deus: argumentos que não dependem de evidência e argumentos que dependem de evidência. Parece muito lógico – certo? Se Deus existe, então deveria haver algo que nos poderia confirmar que isso é verdade, mas é necessário ter evidência?

CONTRA OU A FAVOR?

O filósofo francês René Descartes acreditava que a existência de Deus não dependia de evidência. Ele concluiu que a existência de Deus era necessária porque poderíamos conceber a realidade de algo maior que nós mesmos. Se Deus não existisse, então o pensamento nEle nem cruzaria nossa mente. De acordo com Descartes, isto é tudo o que se precisa para confirmar a existência de Deus.

Outros acreditam que precisamos de evidência para provar que Deus existe. Por exemplo, Aristóteles e Thomas de Aquino acreditavam que deveria haver uma causa para a existência das coisas. Para eles, esta causa era Deus. O pensador dos nossos dias William Lane Craig argumenta que por existir uma ordem e um design no universo, Deus deve existir. O filósofo alemão Immanuel Kant pensava que a existência de Deus era demonstrada pela presença da lei moral no mundo. E Soren Kierkegaard sugeriu que nossa experiência prova a existência de Deus. Todas estas grandes mentes pesaram que a existência de Deus era possível, mas que deveríamos ter alguma evidência para prová-la.

Existem essencialmente três argumentos contra a existência de Deus. Dois filósofos que conduziram o período do Iluminismo, John Locke e David Hume, acreditavam que Deus não poderia existir porque não podemos vê-lo. Se isso for verdade, então coisas como átomos, que não podíamos ver antes da invenção de um microscópio, então não devem ter existido antigamente. Jean-Paul Sartre acreditava que Deus não existia porque não precisávamos dele. Epicurus pensava que porque o mal existia no mundo, Deus não deveria existir.

A importância de compreender os argumentos contra e a favor de Deus é simples. Quando pensamos sobre um assunto verdadeiramente importante como a existência de Deus, é de grande responsabilidade pensar corretamente sobre isso.

PROCESSO – Como a compreensão dos argumentos contra e a favor de Deus alteram o modo como você pensa sobre esta questão desafiadora?

O PROBLEMA DO MAL

Uma pesquisa feita às pessoas queria saber qual pergunta elas gostariam de fazer a Deus se tivesse esta oportunidade, e a que ganhou em disparada foi: "Por que existe

mal e sofrimento no mundo?". O problema do mal é o argumento mais comum utilizado contra a existência de Deus, e muito legítimo. O mal é uma realidade desafiadora da existência humana que não é fácil de ser explicada.

O filósofo humanista Paul Draper escreveu, "Sabemos que muito mal e muito sofrimento existe no mundo. Os cristãos falam de um Deus pessoal que é bom, misericordioso e todo-poderoso. Isto é impossível. Deus poderia ser bom, mas impotente e, assim, incapaz de parar a dor humana. Deus poderia também ser soberano e todo-poderoso, mas cruel e antipático à condição humana. Deus não pode, porém, ser bom e soberano. Pessoalmente, eu não acredito que Deus, se quer, exista".

Então, é possível que haja mal presente no mundo em que Deus existe? Ao abordar o problema do mal, devemos considerar as seguintes visões em potencial:

- "Deus pode fazer tudo o que quiser."
- "Não saberíamos o que é bom sem o mal."
- "É assim que as coisas têm que ser."
- "Todo sofrimento é merecido."
- "O mal é útil para produzir o caráter."
- "O mal é a ausência do bem."
- "O mal é o resultado da livre escolha do homem."
- "O mal serve para um resultado que não podemos ver."

PROCESSO – Como o detalhe envolvido em provar a existência de Deus desafia e encoraja você?

O QUE DIZER SOBRE O UNIVERSO?

Por que o universo importa tanto sobre como pensamos sobre a vida? Não é algo que necessariamente consideremos sobre um dia específico, mas nosso mundo está dentro dele e impacta como visualizamos tudo, incluindo nossas vidas individuais.

O modo como você explica a existência do universo é parte do modo como você visualiza o mundo. As pessoas tentam explicar o universo de muitas maneiras. A visão cristã do mundo o explica por meio do design inteligente. No entanto, outro ponto de vista é o *naturalismo*, que nega um Criador e afirma que tudo se desenvolve através do passar do tempo e da organização da matéria. O mundo e tudo o que há nele não é nada mais que o resultado do tempo e do acaso.

Pode a vida ser explicada somente pelo processo natural, ou ela requer um designer inteligente para explicar sistemas vivos?

TEORIA DO DESIGN INTELIGENTE

A teoria do design inteligente (DI) propõe que um agente inteligente aja na natureza. A visão de mundo cristão apoia o design inteligente porque acreditamos que Deus criou o universo.

A teoria do design inteligente é legítima porque a ciência real deve distinguir entre causas físicas e inteligentes para as coisas. (Por exemplo, a ciência forense serve para descobrir se algo foi acidental ou de propósito, e a arqueologia serve para determinar se algo foi naturalmente formado ou inteligentemente criado. O mesmo é verdadeiro para a linguística, a psicologia, a matemática e outros estudos.)

A teoria do design inteligente é importante porque oferece perspectivas úteis para o pensamento sobre o universo:

1. Existe um começo para o espaço, tempo e matéria.
2. Determinadas condições devem existir para sempre (tamanho de moléculas, campos gravitacionais, distância do sol, etc.).
3. Existem grupos de partes que não funcionarão sem todas as partes (por exemplo, piano).
4. Existem leis morais universais que devem ser originárias de algum lugar (incesto, adultério, violência).
5. Nossas mentes são mais do que matéria.

PROCESSO – Qual teoria você acredita apresentar o maior valor ao explicar o universo e por que: naturalismo ou design inteligente?

POR QUE O DESIGN INTELIGENTE É IMPORTANTE

Se acreditarmos em naturalismo, acreditamos que o mundo aconteceu aleatoriamente e, portanto, a vida não tem propósito inerente ou significado e nada existe além do mundo físico. Sem uma crença em um Criador e um propósito inerente que se estenda além de nós, há muito pouco para nos levar ou nos dizer o que é certo ou errado. A crença

na existência de um Criador nos dá razão para moralidade. Significa que fomos criados com um propósito em mente e existimos como sendo mais do que apenas seres físicos.

PROCESSO – Como a existência de um Criador impacta sua visão de autoridade e moralidade? Este é um conceito difícil para sua aceitação?

EXISTE UMA VERDADE ABSOLUTA?

Você sempre ouviu que "deve encontrar a sua verdade", ou que "sua verdade é sua verdade e a minha verdade é minha verdade". Algumas pessoas argumentam que todas as religiões são tudo a mesma coisa. Será que são mesmo? Estamos escalando a mesma montanha?

Absoluta significa perfeita e quando a verdade é absoluta, ela não tem conflito ou falhas. O que isso também quer dizer é que algo não pode ser absolutamente verdade e nem verdade o tempo todo. Então, quando falamos em religiões mundiais, para que elas sejam todas verdadeiras, devem ensinar a mesma coisa, mas não é isso que acontece.

Por exemplo, aqui estão algumas coisas que as religiões do mundo ensinam sobre salvação:

- **Hinduísmo** afirma que salvação é encontrada através de um ciclo de reencarnações em que o indivíduo encontra a essência de sua natureza divina. O hinduísmo ensina que existem cerca de 300.000 deuses.
- **Budismo** assegura que a eliminação do "desejo" leva à paz de mente e à salvação absoluta. O budismo ensina que não existe deus.
- **Islamismo** ensina que a pessoa deve obedecer às leis de Deus na esperança que as boas obras superarão as más. O islamismo ensina que existe um Deus, Alá.
- **Cristianismo** ensina que a salvação vem pela fé no sacrifício de Jesus na cruz pelos nossos pecados, providenciando graça imerecida de Deus. O cristianismo ensina que existe um Deus trino.

PROCESSO – A descrição da verdade absoluta acima ressoa com o que você acredita ou ela cria uma tensão em você?

QUEM ESTÁ CERTO?

Descobrir onde a verdade é encontrada pode ser muito desafiador, mas é um esforço importante. Encontrar a verdade é mais fácil se aprendemos como pensar sobre ela. A lógica pode nos ajudar muito.

Existem três leis básicas da lógica:

1. A lei da identidade (algo é ele mesmo e não outra coisa)
2. A lei do meio excluído (algo não pode existir parcialmente)
3. A lei da não contradição (algo não pode existir e não existir ao mesmo tempo)

Aplique estas leis às afirmações das maiores religiões do mundo, é impossível que todas as religiões estejam certas uma vez que elas fazem afirmações incompatíveis:

- **Hindu Vedas:** *"A verdade é uma, mas os sábios falam dela de formas diferentes."*
- **Buda:** "Meu ensinamento aponta o caminho para a obtenção da verdade."
- **Muhammad:** "A verdade me foi revelada."
- **Jesus:** "Eu sou a verdade" (João 14.6).

Nem todas estas afirmações podem estar certas porque elas contradizem umas as outras. Não pode haver apenas uma e várias verdades ao mesmo tempo.

JESUS

Jesus distingue a si próprio dos líderes religiosos afirmando que não apenas conhecer a verdade ou indicar o caminho até a verdade, mas realmente personificar a verdade. Ele continua dizendo explicitamente que ninguém vem a Deus a não ser por Ele. Então, o centro da fé crista é Jesus . . . Se removermos Jesus, não existe Cristianismo. Se confiarmos na Bíblia, Jesus é a verdade, então nenhuma outra religião pode ser verdadeira.

"Eu sou o caminho, a verdade e a vida. Ninguém vem ao Pai senão por mim" (João 14.6).

"E não há salvação em nenhum outro; porque abaixo do céu não existe nenhum outro nome, dado entre os homens, pelo qual importa que sejamos salvos" (Atos 4.12).

PROCESSO – Como as leis da lógica ajudam você sobre as verdades afirmadas por Jesus e sobre a realidade da fé cristã?

POR QUE OS HUMANOS SÃO VALIOSOS?

Como humanos, ou somos um acidente ou somos criados com um propósito. Não há meio termo. É impossível argumentar que os seres humanos sejam acidentais e ainda tenham um propósito sem valor determinado. Pegue como exemplo uma nota de um dólar. A razão de esta nota ser chamada de um dólar é porque ela possui um valor específico que desempenha uma função diretamente conectada com seu valor.

Como seres humanos, de onde vem o nosso valor?

> *"Também disse Deus: Façamos o homem à nossa imagem, conforme a nossa semelhança; tenha ele domínio sobre os peixes do mar, sobre as aves dos céus, sobre os animais domésticos, sobre toda a terra e sobre todos os répteis que rastejam pela terra. Criou Deus, pois, o homem à sua imagem, à imagem de Deus o criou; homem e mulher os criou."*
>
> – Gênesis 1.26-27

Sabia que você foi feito à imagem de Deus? Feito para refletir cada aspecto do rico relacionamento que compartilham o Pai, o Filho e o Espírito Santo? Ser feito à imagem de Deus não é somente algo a ser apreciado, mas vem com responsabilidade.

Infelizmente, a queda do homem (Gênesis 3) corrompeu a reflexão de Deus em nós. Embora a imagem de Deus fora maculada pela queda, não foi perdida.

VIVER UMA VIDA DE VALOR

Quando você compreender o valor de ser feito à imagem de Deus, a vida ganha um novo significado. A vida não é mais um acidente para o qual você está tentando encontrar um sentido. Ao contrário, torna-se uma rica jornada com significado e cumprimento à medida que vive o propósito que Deus designou para você.

Viver a imagem de Deus nos traz, primeiro, uma grande responsabilidade (Gênesis 2.15) como aqueles que se importam com a criação dEle. Também significa que não estamos sozinhos. Relacionamentos são uma das principais maneiras que O experimentamos quando nos conectamos uns aos outros através de Sua imagem em nós (Gênesis 2.18). No relacionamento é onde enxergamos as qualidades de Deus revelado (Gênesis 1.26) e isso é um tremendo encorajamento para nossas vidas (Gênesis 1.28).

PROCESSO – Enquanto pensa na descrição de viver a vida carregando a imagem de Deus, escreva como isso impacta sua vida.

CARREGAR A IMAGEM DE DEUS COMO UMA COMUNIDADE

Embora a imagem de Deus em nós fora corrompida, ela tem sido restaurada diariamente até estivermos completamente conformados à imagem em glória (Colossenses 3.9-10; Romanos 12.2). Isto nos traz esperança e nos encoraja em nosso viver diário à medida que trabalhamos para nos tornarmos mais próximos à imagem de Cristo. Como resultado, podemos agora viver juntos em uma comunidade onde a imagem de Deus é completamente percebida (Gênesis 1.26-27).

Deus nos fez a sua imagem para nos separar de todas as outras criaturas a fim de que pudéssemos ter um relacionamento com Ele e uns com os outros (Gênesis 1.28), e isso é o que nos permite ter uma autoimagem saudável (Gênesis 1.31; 1 Coríntios 11.7).

Ela nos dá um profundo sentido de significado para viver a imagem de Deus do modo para o qual fomos criados (Gênesis 2.15) como homens e mulheres exercem os papéis que Deus criou para eles (Gênesis 5.1-2). Viver à imagem de Deus dá a dignidade a toda vida humana (Gênesis 9.6; Tiago 3.9).

PROCESSO – Da sua perspectiva, como pode a descrição acima sobre a comunidade que reflete a imagem de Deus pode tornar nosso mundo um lugar melhor?

VOCÊ É UMA BOA PESSOA?

Quando falamos sobre ética, estamos falando sobre ações morais. Interpretar a ética de uma ação moral envolve examinar a intenção, o motivo e os meios de quem quer que seja que está desempenhando a ação.

Então, como sabemos se algo está certo ou errado?

Existem três principais visões sobre ações morais. Primeira, existe a crença de que algumas coisas são verdadeiras se alguém acredita ou não, e estas verdades podem ser aplicadas a todas as pessoas e circunstâncias. Depois vem a crença de que todo indivíduo deve agir de acordo com o código moral da sociedade. Algumas pessoas chamam isso de um contrato social ou um padrão socialmente acordado. E por último, está a crença de que a verdade moral não existe.

Moralidade é importante porque afeta o modo como vemos as outras pessoas e como vivemos entre todos. Se não existir um certo ou errado definido, como podemos saber o que é realmente bom?

OS PROBLEMAS COM O RELATIVISMO MORAL

O relativismo moral é simplesmente a crença de que cada pessoa pode determinar, por si própria, o que é certo e errado.

O argumento mais forte contra o relativismo moral é se o código moral social estiver certo, então nunca há justificativa para reforma moral. Você pode imaginar como isso pode se tornar um problema uma vez que existem culturas onde a escravidão é aceita. Como todos se colocariam contra a escravidão se o código sempre é visto como correto? Da mesma forma, se o relativismo individual for verdadeiro, então ninguém pode crescer moralmente ou melhorar seu comportamento ou suas crenças morais.

PROCESSO – Descreva como você tem visto o relativismo moral encorajado por nossa sociedade. No seu ponto de vista, quais problemas este conceito tem causado?

QUANDO A SOCIEDADE DESTRÓI A SI MESMA

A verdade moral e a lei moral existem porque elas vêm de Deus. Isso nos dá um maior poder para aquilo sobre o qual somos responsáveis. Sem isso, não haveria verdade objetiva. Hoje, existe um movimento intelectual chamado desconstrucionismo que busca desfazer este conceito importante.

Jacques Derrida, o intelectual francês, é conhecido como o "Pai do Desconstrucionismo". O desconstrucionismo é a visão de que os significados das palavras são completamente arbitrários e a realidade é essencialmente desconhecida, então nada pode ser realmente verdade.

Roger Kimball escreveu: "Desconstrução promete aos seus aderentes não apenas emancipação das responsabilidades da verdade, mas também o prospecto de se engajar em uma espécie de ativismo radical. Um sopro contra a legitimidade da linguagem é ao mesmo tempo um sopro contra a legitimidade da tradição em que a linguagem vive

e tem seu significado. Ao desvalorizar a ideia da verdade, o desconstrutivista também desvaloriza a ideia de valor, incluindo os valores sociais e morais estabelecidos".[15] Ele quer dizer que o desconstrucionismo de Derrida compromete fundamentalmente qualquer afirmação de verdade absoluta.

De acordo com as Escrituras, a verdade moral importa e existem coisas em que devemos acreditar e realizar.

"Deus é espírito; e importa que os seus adoradores o adorem em espírito e em verdade" (João 4.24).

PROCESSO – Liste alguns dos riscos que você encontra ao acreditar que as palavras podem ser alteradas para significar qualquer coisa que uma pessoa quiser.

O QUE É CONHECIMENTO?

O conhecimento é definido como "um registro de fatos, verdades ou princípios, originados de um estudo ou pesquisa". É importante compreender que o conhecimento não é o mesmo que informação. Conhecimento é adquirido gastando tempo com a informação e conhecendo como as partes se conectam de uma forma significativa.

O conhecimento é importante porque nos ajuda a interpretar o mundo. Sem o conhecimento, não seríamos capaz de identificar se algo é verdade ou não.

Como sabemos o que sabemos? O estudo de como as coisas podem ser conhecidas se chama epistemologia, que é um ramo da filosofia que estuda a natureza do conhecimento.

A seguir está a história da epistemologia que mostra algumas mudanças importantes ao longo do tempo:

1. Era Pré-moderna (<1650): "Não existe verdade divina e sabemos disso."
2. Era Moderna (1650-1950): "Não existe verdade divina e podemos saber disso."
3. Era Pós-moderna (>1950): "Não existe verdade divina e não podemos saber disso."

Nossa cultura é influenciada pelo pensamento pós-moderno. A era pós-moderna tem buscado eliminar a habilidade do conhecimento divino ou sobrenatural de existir. É importante compreender como as o pós-modernismo influencia o pensamento contemporâneo para que você possa identificar assuntos em nossa cultura que se originam desta filosofia.

OS PERIGOS DO PÓS-MODERNISMO

O pós-modernismo é um movimento filosófico distante da crença na verdade e na existência de Deus. Os pós-modernistas acreditam que não podemos conhecer as coisas como elas realmente são, mas somente como elas aparecem para nós. Praticamente, isso leva a uma crença de que a religião ou a teologia é completamente uma "construção social".

O pós-modernismo busca remover o significado das palavras e da linguagem para que nada possa ser consistentemente definido. Se não podemos ter certeza do que as palavras significam, então como podemos saber verdadeiramente algo? Este é o único alvo do pós-modernismo, o que pode levar a outros problemas, porque, sem uma verdade objetiva, não existe verdade moral. Se não existe significado inerente, as pessoas não têm propósito.

PROCESSO – Como você têm visto os efeitos do pós-modernismo em nossa cultura? Quais os futuros problemas que você acha que podem surgir por causa desta filosofia?

UMA RESPOSTA CRISTÃ AO PÓS-MODERNISMO

É possível estar confiante sobre algo sem ter certeza? Por exemplo, você está confiante de que acordará amanhã de manhã? Provavelmente isso acontecerá com a maioria, mas

você pode estar 100% seguro sobre isso? Não. No entanto, você não tem que ter certeza de que isso acontecerá para estar confiante de que acontecerá.

A resposta do Cristianismo ao pós-modernismo é promover este tipo de perspectiva. Podemos permanecer na fundação do que tem sido verdadeiro no passado e o que funciona mesmo que não exista uma certeza absoluta. Em outras palavras, não temos que ter certeza sobre algo para acreditar neste algo (Hebreus 11.1,6). O grande pensador cristão Martinho Lutero disse: "A fé é uma confiança viva e inabalável, uma crença a graça de Deus tão segura que um homem morreria milhares de vezes por ela!"[16]

PROCESSO – Quão confiante você é na existência de Deus sem estar seguro dela? Este é um conceito desafiador ou fácil para sua aceitação?

CULTURA E PROPÓSITO

Encontrar um sentido mais profundo do significado é um foco central hoje para muitas pessoas. No entanto, como encontramos uma maior profundidade do significado na vida está diretamente relacionado com como interagimos com a cultura.

A cultura está ao nosso redor. No entanto, às vezes pode ser difícil compreender os efeitos da cultura à medida que ela cresce e muda. Uma simples definição de cultura é a qualidade em uma pessoa ou sociedade que originada de uma preocupação pelo que é excelente em artes, letras, maneiras, atividades eruditas e valores.

Existem duas maneiras de interagir com a cultura: seja através de nossas sensações ou das ideias.

Aqueles que acreditam que alguém pode interagir com a cultura somente por meio das sensações acreditam que suas próprias experiências e observações são as únicas coisas valiosas. Estes tipos de culturas não duram porque não são aptas a responder as questões mais fundamentais da vida: existe Deus? Existe vida após a morte? Existe um propósito na vida? Tais culturas aceitam somente o que é visível e científico. Como resultado, coisas não vistas não possuem valor.

Por volta de 1930, a cultura Americana separou fé e razão para se tornar um uma cultura guiada por sensações, e a consequência de viver nesta cultura é que a vida fica sem sentido e fútil. Em outras palavras, não existe significado ou propósito.

Interagir com cultura através de ideias apresenta um ponto de vista completamente diferente. Este tipo de cultura encontra valor em todas as coisas não só porque podem ser observadas ou usadas Há um certo e um errado, não só bom ou mal, isso resulta na profundidade e no significado.

COMO O PROPÓSITO FUNCIONA

Quando falamos sobre propósito, estamos falando sobre a direção que nossas ações estão tomando e por quê. Devemos considerar a direção de nossas ações, como e por que enxergamos as coisas do modo que enxergamos. Nas culturas baseadas nas sensações, não existe direção, então não existe propósito em nada! Culturas baseadas em sensações valorizam apenas o que serve para algum tipo de finalidade. Coisas não são valiosas simplesmente porque existem.

Em culturas guiadas por ideias, tudo tem um propósito e valor, sendo assim requer de nós pensar sobre como interagimos com todas as coisas em nosso redor. E, por último, o propósito está atrelado ao que é bom.

Atualmente, existem três conceitos errados para determinar se algo é bom. Primeiro é o hedonismo, a ideia de que se algo gera prazer, então é bom. Segundo é o pluralismo, que afirma que existem muitas formas de compreender o que é bom. E terceiro é o racionalismo, a crença de que somente a razão pode nos dizer o que é bom.

PROCESSO – Quais destes três conceitos equivocados você vê com maior influência em nossa cultura atual?

CULTURA COM PROPÓSITO PRODUZ SIGNIFICADO

Quando interagimos com cultura por meio de ideias, ficamos abertos para encontrar significado mais do que apenas usar coisas ao nosso redor para nosso próprio prazer. A vida toma o rumo do que é certo. Em outras palavras, algo pode ser feito para um propósito maior do que servir a nós mesmos.

Os cristãos, portanto, acreditam que os fins não justificam os meio porque as pessoas, as ações e as causas possuem valor intrínseco. Há propósito e significado para tudo.

PROCESSO – Como você precisa mudar o modo como interage com cultura para encontrar um sentido mais profundo do significado?

O QUE É SEXUALIDADE?

Sexualidade é muito mais do que sexo, refere-se toda nossa identidade como seres humanos.

Em um tratado sobre sexualidade, a Igreja Luterana Americana afirmou que: "A sexualidade humana inclui tudo o que somos como seres humanos. Sexualidade, em sua essência, é biológica, psicológica, cultural, social e spiritual. Ser uma pessoa é ser um ser sexual."[17]

O teólogo recente Stanley Grenz escreveu: "Sexualidade se refere a nossa existência fundamental como masculinos ou femininos."[18]

A Bíblia resume a criação nos dizendo que Deus fez os humanos macho e fêmea. As Escrituras também implicam que ambos os sexos são tão diferentes que se complementam. Portanto, nossa sexualidade afeta praticamente todas as nossas interações sociais e relacionamentos.

A FUNDAÇÃO DA NOSSA SEXUALIDADE

Nossa sexualidade como humanos está baseada no exemplo do Deus Trino. Os três membros da Trindade existem em harmonia e comunhão um com o outro. Portanto, estamos refletindo a imagem de Deus quando estamos em relacionamento com outros. Por causa desta conexão, a sexualidade humana é para o propósito de criar intimidade. Separar sexualidade da verdadeira intimidade é uma distorção do modelo de Deus.

Pelo fato de o sexo ser uma expressão poderosa de nossa sexualidade, as Escrituras colocam um alto valor e importância na fidelidade sexual. Ao mesmo tempo, as Escrituras condenam fortemente todas as formas de infidelidade sexual. A Bíblia claramente afirma que o pecado sexual é diferente de qualquer outro ato físico porque ele cria, sozinho, uma união mística e permanente entre duas pessoas.

PROCESSO – Com suas palavras, escreva sobre a razão de você acreditar que a fidelidade sexual seja importante em um relacionamento.

SEXUALIDADE, CASAMENTO E SOLTEIRICE

C.S Lewis disse: "A verdade é que sempre que um homem se deita com uma mulher, quer eles gostem ou não, ali uma relação transcendental é estabelecida entre eles, o que deve ser eternamente disfrutado ou eternamente duradoura". Por esta razão, as Escrituras restringem a intimidade sexual ao casamento de toda uma vida de um homem e uma mulher.

Em Gênesis, Deus criou dois seres humanos sexualmente distintos, com o intuito de procriar, e designados literalmente a ficarem juntos e se tornarem um. Deus pretende que a união seja um relacionamento permanente (Mateus 19.4-6), exclusivo e monogâmico (Hebreus 13.4). Isso significa que toda atividade sexual fora da união matrimonial é imoral aos olhos de Deus (1 Coríntios 6.16-18).

O outro modelo bíblico de sexualidade é a solteirice (1 Coríntios 7.32-35). Jesus, Paulo, e muitos outros das Escrituras viveram suas vidas dedicadas a Deus e permaneceram solteiros. É importante saber que o casamento não é o único jeito de honrar a Deus com nossa sexualidade.

PROCESSO – Interaja abaixo com suas próprias visões sobre sexualidade e com o que foi mencionado acima. Por que você acredita ser importante que o modelo de Deus seja demonstrado através de nossa sexualidade?

DIMENSÃO QUATRO

Força
Vocacional

Amar a Deus de toda sua força significa que você está aprendendo e crescendo sobre como colocar seu modelo único em ação. Esta seção o ajudará a compreender suas forças e encontrar caminhos para melhorá-las.

EMOCIONAL

CORAÇÃO – Processo emocional

Amar a Deus com seu coração significa que está aprendendo e crescendo sobre como ter uma vida emocional saudável.

RELACIONAL

ALMA – Processo relacional

Amar a Deus com sua alma significa que você está aprendendo e crescendo sobre como ter relacionamentos saudáveis.

MENTE – Processo Intelectual

Amar a Deus com sua mente significa que você está aprendendo e crescendo em conhecimento, como pensar bem sobre sua vida.

FORÇA – Usando sua influência

Amar a Deus com sua força significa que você está aprendendo e crescendo sobre como colocar sua criação única em ação.

INTELECTUAL

VOCACIONAL

O QUE É AUTOIMAGEM?

Sua autoimagem é a visão ou o valor que você tem de você mesmo.

A razão de ter uma autoimagem saudável é tão importante porque é uma expressão de como compreendemos quem somos e o que fomos feito para ser. No entanto, hoje, existe muita confusão no mundo ao nosso redor que pode dificultar o que acreditar sobre nós.

O professor cristão do Boston College e filósofo Peter Kreeft escreveu: "Existe uma profunda tristeza espiritual no coração da civilização moderna porque é a primeira civilização em toda a história que não sabe quem é ou por que é, que não consegue responder as três grandes questões: De onde eu vim? Por que estou aqui? E para onde estou indo? Esta é a coisa mais aterrorizante de todas para nós porque nossa principal necessidade é negada, nossa necessidade de significado."[19]

Esta é uma perspectiva muito importante – nossa necessidade de ver a nós mesmos como valiosos e nossa necessidade de reconhecer nossa habilidade de contribuir com algo significativo para esta vida. No entanto, para termos uma autoimagem saudável e forte, devemos compreender como ela está diretamente conectada com nossa identidade e nosso propósito.

IDENTIDADE, PROPÓSITO E AUTOIMAGEM

A identidade pode ser resumida como personagem ou qualidades que fazem de alguém ou algo o que é.

Devemos levar o conceito de identidade a sério porque se algo não pode ser identificado, perde todo seu valor. É por isso que é importante que tenhamos um sentido claro de identidade, porque o que forma nossa identidade contribui diretamente com nosso sentido de valor.

Por um lado, sua identidade é uma história. Ela combina o lugar de onde você veio com o que você tem de bom ou com o que ou quem influenciou você. Compreender estes pontos sobre identidade nos dá dicas de onde podemos encontrar um sentido profundo de significado e propósito.

A busca por significado é um assunto primordial em nosso mundo de hoje. Então, aonde vamos para encontrá-lo? Disney? Dinheiro? Sucesso? Fama? Muitos tentaram essas e outras coisas em um esforço para encontrar seu lugar no mundo, mas existe apenas uma solução, Deus.

Simplesmente por sermos a imagem de Deus já temos um grande propósito.

> **PROCESSO** – Onde você tentou encontrar o significado e o propósito na vida sem ser em Deus?

DIGNIDADE E IGUALDADE

Temos valor e dignidade porque somos feitos à imagem de Deus (Gênesis 1.26-27). A linguagem antiga dos hebreus nos deixa saber que sermos feitos à imagem de Deus significa que somos uma representação direta da natureza que o Pai, o Filho e o Espírito

Santo compartilham. Não podemos encontrar um mais profundo sentido de significado que este.

C.S. Lewis disse que "Não existem pessoas comuns. Você nunca conseguiu conversar com um mero mortal."[20]

John Jefferson Davis escreveu que: "A criação de Deus é imensa, mas o homem, como coroa da criação, tem uma dignidade e grandeza que supera a do cosmos."[21]

Lewis e Davis nos ajuda a ver que cada humano tem um valor porque a imagem de Deus em cada pessoa lhes dá valor. Como resultado, devemos perceber que tratar a nós mesmos e a outros com dignidade é muito importante. Também nos ajuda a ver que a igualdade está diretamente relacionada com a dignidade.

Se não tivermos um sentido claro de quão valioso somos, é difícil enxergar este mesmo valor nos outros. Ter uma forte autoimagem vinda da identidade e do propósito dados por Deus influencia definitivamente como nós enxergamos os outros e o resto do mundo.

PROCESSO – Como as perspectivas de Lewis e Davis influenciam sua visão sobre dignidade e igualdade?

O MODO COMO PENSAMOS IMPORTA

Deus dá a cada um de nós forças e fraquezas. O modo como pensa sobre suas fraquezas faz uma grande diferença. Pode ser fácil perceber como outras pessoas são melhores do que você em uma ou outra área, ou focar nas coisas que você não tem muita habilidade. No entanto, este tipo de pensamento não é produtivo e pode prejudicá-lo em longo prazo.

De acordo com a neuropsicóloga cristã Dr. Caroline Leaf, a pesquisa mostra esmagadoramente que podemos mudar a forma do nosso DNA com nossos pensamentos. A pesquisa científica revela que entre 87-9% de toda enfermidade mental e física está conectada com pensamento.

O que isso nos diz é que importa muito a forma como pensamos, e no que pensamos também importa. Ralph Waldo Emerson disse que "a vida consiste naquilo que um homem está pensando o dia todo".

O escritor James Allen fala da seguinte forma: "Hoje você está onde seus pensamentos te levaram. Amanhã você estará onde os pensamentos te levarem".

"Finalmente, irmãos, tudo o que é verdadeiro, tudo o que é respeitável, tudo o que é justo, tudo o que é puro, tudo o que é amável, tudo o que é de boa fama, se alguma virtude há e se algum louvor existe, seja isso o que ocupe o vosso pensamento" (Filipenses 4.8).

O modo como pensamos sobre a vida importa e, além disso, frequentemente enfatizamos e focamos nas coisas erradas, em vez de focar em nossas forças. As Escrituras nos dizem: "Como imagina em sua alma, assim é" (Provérbios 23.7).

PROCESSO – Escreva um pensamento em sua vida sobre o qual você gostaria de parar de focar. Quais seriam os benefícios?

FOCO EM SUAS FORÇAS

Quando focamos em nossas fraquezas, gastamos tempo, energia e recursos para reforçar qualidades que nunca serão forças – enquanto poderíamos investir e maximizar o que fazemos bem.

Líderes sempre estão se esforçando para crescer, desenvolver e otimizar suas habilidades. O versículo de Isaías 54.2 encoraja esta meditação quando diz: "Alarga o espaço da tua tenda; estenda-se o toldo da sua habitação, e não o impeças, alonga as tuas cordas e firma bem as tuas estacas".

Dr. John Townsend recomenda usar um "Sistema de postura aberto" sempre estando aberto a aprender, forjar novos e mais profundos relacionamentos e buscar novas oportunidades de crescimento.

PROCESSO – Quais são suas forças? Como pode nivelá-las?

DESCOBRINDO SUAS FORÇAS

Se você tiver dificuldade em identificar suas forças, existem vários passos que o ajudarão. Tente fazer uma avaliação e uma relação das forças, como, por exemplo, StrengthsFind-

er. Se você deseja uma orientação personalizada, encontre um coach que possa ajudá-lo a criar um plano. Procure por meios para nivelar suas forças e definir objetivos que aumentarão sua capacidade.

PROCESSO – Quais recomendações acima o ajudarão bastante a nivelar suas forças? Quando você pretende fazer isso?

POR QUE DEFINIR OBJETIVOS?

"Ao buscar o que parece ser impossível, frequentemente realizamos o impossível. E mesmo quando não paramos de fazê-lo, inevitavelmente acabamos realizando muito melhor do que teríamos feito."

– Jack Welch

Durante anos, Dupont teve um objetivo de "zero acidentes," e embora ele nunca tenha alcançado este objetivo, a taxa de acidente diminuiu e ficou significativamente menor do que outras empresas. Quando o Presidente Kennedy definiu um objetivo nos anos de 1960 de alcançar a lua, a tecnologia não existia para fazer isso. Sem objetivos, que é o que nos move, nunca alcançaremos nossa capacidade ou nunca seremos o nosso melhor.

Zig Ziglar disse algo que ficou marcado? "Se você almejar nada, conseguirá alcançar facilmente".

Definir objetivo é almejar... almejar um alvo que está longe e aparentemente fora de alcance.

Por meio do processo de alcançar seus objetivos, aprenderá coisas sobre si mesmo e começará a compreender a si mesmo em níveis mais profundos. Você refinará e expandirá suas prioridades descobrindo o que é importante para você. Você se identificará seu futuro preferencial, e quando aprender a definir e a atingir seus objetivos, será capaz de alinhar a trajetória de usa vida para alcançar o future que deseja.

PROCESSO – Você é um definidor de objetivos? Por que sim ou por que não?

COMO DEFINIR UM OBJETIVO

Todo mundo interage com objetivos diferentemente e não existe "um modelo para todos". Então você deve gastar tempo explorando diferentes formas de definir objetivos para encontrar o que funciona melhor para você. Para iniciar, é importante definir objetivos SMART (palavra que significa inteligente em inglês e seu acrônimo abaixo):

Specific (Específico) – O que precisamente você espera alcançar?

Measurable (Mensurável) – Como você sabe quando atingiu?

Attainable (Alcançável) – Você é realmente capaz de atingir este objetivo?

Relevant (Relevante) – Como este objetivo o ajuda a atingir o que deseja?

Timely (Oportuno) – Existe uma validade para o que você deseja atingir?

PROCESSO – Pense sobre algo que você gostaria de atingir em um futuro próximo e pratique a escrita de um objetivo SMART.

DEFINIR OBJETIVOS DE EXTENSÃO

Um objetivo de extensão é maior que um objetivo médio. Não é fácil ou rapidamente alcançável, e sempre requer um planejamento e dedicação diligentes. Espera-se que

esse processo o leve além do que atualmente você pode ir, e onde você nunca consegue chegar sozinho.

No entanto, quando você realizar um objetivo de extensão, o crescimento acontece e sua capacidade é aprofundada! Existe uma real e duradoura satisfação ao definir e atingir objetivos de extensão.

Então, como você faz isso?

1. Pense sobre algo que você deseja e espera atingir, pessoal ou profissionalmente, dentro do próximo ano (limite-se a três objetivos de extensão).
2. Escreva isto em uma única frase.
3. Em uma escala de 1 a 10, atribua um número para representar em que fase você se encontra para atingir este objetivo.
4. Crie um plano para atingir os objetivos com passos de ação.
5. Rastreie seu progresso semanal ou mensalmente.

PROCESSO – Quais são as duas pessoas da sua vida que você acha que ajudariam no encorajamento para atingir seus objetivos?

A IMPORTÂNCIA DAS NECESSIDADES

Existem diferentes tipos de necessidades humanas.

Por exemplo, toda pessoa precisa de alimento, água e oxigênio para sobreviver – estas são chamadas necessidades físicas. No entanto, nós também possuímos necessidade que podem apenas ser atendidas se estivermos em um relacionamento com outras pessoas. As necessidades relacionais nos ajudam a nos sentirmos seguros e cuidados por outros, mas frequentemente não admitimos ter essas necessidades.

Por que é tão difícil pensar sobre nossas próprias necessidades? E por que é ainda mais difícil pedir por elas?

Alguns acham que pedir por aquilo que precisamos na área relacional é demonstrar um pouco de fraqueza. No entanto, pedir por aquilo que precisamos dos outros é saudável e necessário.

Somos responsáveis em atender nossas próprias necessidades. Embora gostássemos muito que as outras pessoas soubessem do que precisamos e nos ajudassem a conseguir, é irreal esperar que isso aconteça.

ATENDENDO SUAS NECESSIDADES

Pelo fato de as outras pessoas não serem responsáveis por suas necessidades, você deve assumir a responsabilidade por si mesmo.

Sendo este o caso, há dois passos a serem seguidos para atender as necessidades:

Identificar a necessidade ("Eu preciso...")

Identificar o que você precisa pode ser desafiador simplesmente porque frequentemente não sabemos como comunicar nossas necessidades. Então, a linguagem de nossas necessidades é incrivelmente útil.

Um modo de começar a aproximar a linguagem para o que você precisa é completar a frase "Eu preciso…". Aqui estão alguns exemplos:

- "Eu preciso ser ouvido."
- "Eu preciso ser encorajado."
- "Eu preciso de feedback."
- "Eu preciso de perspectiva."

Depois de aprender como descrever o que precisa, fica muito mais fácil pedir para alguém realizar isso para você.

PROCESSO – Quais necessidades você tem e que pode identificar? Identifique duas ou três:

1. _____ 2. _____ 3. _____

Pedir pela necessidade ("Eu preciso que você . . . ")

Identificar nossas necessidades é apenas metade do desafio. Reunir coragem para pedir que outros o ajudem é a outra metade. Nossas necessidades nunca serão atendidas se não pedirmos.

COMO VOCÊ PEDE?

- Identifique sua necessidade.
- Peça por aquilo que você precisa.
- Aceite a ajuda.
- Processe o bem.

Não deveríamos hesitar em pedir para que os outros nos ajudassem porque fomos criados e planejados por Deus para atender as necessidades uns dos outros.

No Novo Testamento, existem 59 frases com a expressão "uns aos outros", então isso sugere que atender as necessidades uns dos outros é a principal atividade da igreja.

PROCESSO – Em quem você confia e que pode ajudá-lo com suas necessidades listadas acima?

A IMPORTÂNCIA DE VALORES

Quais são seus valores? Quais são os princípios guias ou as convicções centrais da sua vida?

Todo mundo tem um conjunto de valores centrais, mesmo podendo ou não articulá-los. O que torna esses valores "centrais" é quão importante e central eles são para você. O dicionário define valores centrais como "crenças fundamentais de uma pessoa ou organização".

Os valores centrais são vitais porque suportam sua visão, moldam sua identidade e ajudam-no a sustentar o momento.

COMO CRIAR SEUS VALORES CENTRAIS

Este exercício o ajudará a criar uma lista de valores centrais para si ou para uma equipe.

1. Faça um levantamento de ideias com as seguintes perguntas de sondagem para si mesmo:

    A. Em que sou melhor?

    B. Sobre o que eu me importo mais?

    C. Que impacto quero causar?

    D. Com quais coisas não me comprometerei?

    E. Como quero ser conhecido?

2. Escreva o que vem em mente em simples palavras ou frases curtas.

3. Organize, priorize, e estreite sua lista para os cinco primeiros.

4. Verifique sua lista com conselheiros confiáveis para feedback. Se você estiver criando valores centrais para uma equipe, consulte os membros da equipe.

PROCESSO – Por que você acha que ter valores centrais claros é importante para indivíduos e para equipes?

MOLDANDO CULTURA SAUDÁVEL

Peter Drucker fez uma declaração que ficou conhecida: "A cultura come estratégia de café da manhã".

A razão de os valores centrais serem tão importantes é que eles moldam a **cultura.**

Não podemos exagerar a importância de construir cultura saudável em todas as dimensões da vida. O processo de estruturação de caráter que você está aprendendo no livro *Quatro Dimensões da Saúde Humana* foi desenvolvido para este propósito específico.

De acordo com Dr. John Townsend, os valores centrais são as "vísceras" de cada pessoa e organização, e são o impulso de tudo o que fazemos.[22]

Para criar e sustentar uma cultura desejável, devemos integrar nossos valores centrais na vida. Quanto mais vemos e pensamos sobre eles, mais rápido começamos a influenciar nossa vida em todas as dimensões. Nossa recomendação é registrar seus valores cen-

trais, **ensaiá-los regularmente** e **deixá-lo a mostra** em um lugar em que visualmente capturem sua atenção.

Seja criativo!

PROCESSO – Faça um levantamento de como você pode expor seus valores centrais para que os veja sempre.

O QUE É RESPONSABILIDADE?

"Maturidade não vem com a idade, mas com aceitação da responsabilidade."

– Ed Cole

O que é responsabilidade? E como a conquistamos?

A palavra responsabilidade vem da raiz latina **responsus,** que significa responder. Então, se responsável tem a ver com responder ou ser responsivo. . . mas em relação a quê?

Responsabilidade está diretamente relacionada com o modo como gerenciamos as demandas que são colocadas em nossas vidas. Somos responsáveis pelas demandas da vida quando fazemos jus a elas e somos capazes de assumi-las. Se descobrirmos que não somos capazes de assumi-las, então a responsabilidade se torna uma oportunidade de crescimento.

Responsabilidade é conquistada, não merecida. Em outras palavras, não recebemos responsabilidade sem primeiro realizar algo para nos provar!

A realidade da vida é que você é responsável por várias coisas. A pergunta é se você se importa ou não com isso.

PROCESSO – Como você tem aprendido o que é responsabilidade até aqui? Existem algumas áreas onde você sente a necessidade de assumir mais responsabilidade?

ACEITAR E ASSUMIR RESPONSABILIDADE

"Aceitar" responsabilidade e "assumir" responsabilidade são duas coisas diferentes.

Aceitar responsabilidade é passivo, enquanto que assumir responsabilidade é proativo, o que significa não esperar pela responsabilidade vir até você e, sim, ir até ela e assumi-la.

Responsabilidade tem a ver com três coisas:

1. Autonomia – a capacidade de agir de forma independente e tomar decisões
2. Prestação de contas – a capacidade de receber avaliação e aceitar a culpa
3. Autoridade – a capacidade de atender as obrigações e cumprir deveres

PROCESSO – O que as seguintes passagens nos ensinam sobre responsabilidade? Gênesis 3.8-13; Atos 8.32-33; Tiago 1.12-15.

RESPONSABILIDADE DE SEGUNDO NÍVEL

"Responsabilidade de segundo nível" é sobre assumir mais responsabilidade, não apenas para si mesmo, mas também para outros (por exemplo, técnicos, generais, pastores, chefes, professores, pais, e outras funções de liderança). Mostra que temos a habilidade de carregar o peso do que está sendo pedido de nós. Agostinho disse que "Deus fornece o vento, mas o homem deve levantar as velas".

A fim de sair do nível um e ir para o nível dois, você pode ficar mais responsável tomando mais inciativa, tornando-se mais decisivo, pedindo mais responsabilidade, assumindo mais riscos, e aceitando mais desafios.

Estar apto para assumir mais responsabilidade é uma tremenda vantagem, mas pode ser também uma desvantagem. Devemos avaliar nossa capacidade para que a responsabilidade que assumimos não nos faça comprometer outras dimensões de nossas vidas (por exemplo, relacionamentos).

Responsabilidade é uma oportunidade que nos permite refletir a glória de Deus por meio da liderança a favor de outros, mas devemos fazer isso com sabedoria e humildade.

O QUE É RESILIÊNCIA?

"A humanidade não pode suportar muita realidade."

– T.S. Eliot

Existem dois tipos de realidade: positiva (prosperidade) e negativa (adversidade). Precisamos compreender estas verdades sobre a adversidade:

- Adversidade é real.
- Adversidade é comum.
- Adversidade não é sempre ruim.
- Adversidade pode ser vencida.

A Bíblia diz que adversidade significa "testar" (Tiago 1.3; 1 Pedro 4.12). E no grego antigo, a palavra para "testar" se refere a tentar algo para provar sua resiliência. Isso significa golpear, empurrar, puxar algo além de seus limites para ver se volta ao lugar ou à forma como era inicialmente.

O dicionário Oxford define resiliência como "a capacidade de recuperar-se rapidamente de dificuldades e a habilidade de uma substância ou objeto reconquistar sua forma".

COMO DESENVOLVER A RESILIÊNCIA

Resiliência é uma habilidade ou capacidade, que sugere que ela pode ser desenvolvida e aprofundada. Helen Keller disse: "Embora o mundo esteja cheio de sofrimento, ele também está cheio de superação do sofrimento".

Alguém, certa vez, perguntou a C.S. Lewis: "Por que os justos sofrem?" e ele respondeu "Por que não sofreriam? Eles são os únicos que conseguem suportar".

Se você quisesse se tornar mais resiliente, considere como as perspectivas a seguir podem ajudá-lo neste processo:

- Aceitar que a adversidade acontecerá em sua vida.
- Evitar tratamento cruel consigo mesmo (especialmente durante as provações).
- Lembrar-se do que é verdadeiro, bom e belo.
- Escolher perdoar.
- Permanecer em relacionamentos conectados.

PROCESSO – Quais destas 5 ações pode ajudá-lo mais a ficar mais resiliente?

BONDADE NA ADVERSIDADE

A adversidade pode, sim, ser boa, e as Escrituras têm muito a dizer sobre este tópico. Na verdade, é possível ser feliz na adversidade!

"Bem-aventurados sois quando, por minha causa, vos injuriarem, e vos perseguirem, e, mentindo, disserem todo mal contra vós. Regozijai-vos e exultai, porque é grande o vosso galardão nos céus; pois assim perseguiram aos profetas que viveram antes de vós" (Mateus 5.11-12).

"Bem aventurado o homem que suporta, com perseverança, a provação…" (Tiago 1.12).

"Mas, ainda que venhais a sofrer por causa da justiça, bem-aventurados sois. Não vos amedronteis, portanto, com as suas ameaças, nem fiqueis alarmados... Se, pelo nome de Cristo, sois injuriados, bem-aventurados sois, porque sobre vós repousa o Espírito da Glória e de Deus" (1 Pedro 3.14; 4.14).

Isso não significa que uma pessoa sempre deve ser feliz na adversidade, mas a adversidade sempre tem boas implicações para nossas vidas e contribuirá para nosso senso geral de bem-estar quando se permitir deixá-la operar.

PROCESSO – Por que você acha que a adversidade pode ser boa? Qual valor existe na adversidade para nós?

O QUE É RITMO?

"De vez em quando saia, tenha um momento de descanso, pois quando voltar ao seu trabalho, seu julgamento será mais apurado. Distancie-se um pouco, porque depois que a obra aparece menor, mais dela pode ser vista e uma falta de harmonia e de proporção é mais facilmente percebida."

– Leonardo da Vinci

Todos precisam dar um passo atrás, relaxar e recuperar-se. Precisamos de finais de semana e de férias. Não fomos projetados para prosseguir sem intervalos, e sem eles, nós estaríamos estafados, exaustos, enfermos e, então, morreríamos.

Deus tinha intenções específicas para os seres humanos quando ele nos fez, e precisamos prestar atenção à importância desta realidade. Ele queria que tivéssemos um ritmo em nossas vidas, que nos mantivéssemos em um ciclo regular e repetitivo de atividade e descanso – e viver assim traz um grande benefício. Devemos criar espaço em nossas vidas para acomodar o inesperado, manter uma tensão saudável entre trabalho e vida, e encontrar um tempo para intervalos regulares em meio ao trabalho.

UM MODELO DE RITMO

Deus formou, para nós, o ritmo de vida que Ele deseja que sigamos, no qual trabalhamos seis dias e descansamos no sétimo.

Gênesis 2.1-3: "Assim, pois, foram acabados os céus e a terra e todo o seu exército. E, havendo Deus terminado no dia sétimo a sua obra, que fizera, descansou nesse dia de toda a sua obra que tinha feito. E abençoou Deus o dia sétimo e o santificou; porque nele descansou de toda a obra que, como Criador, fizera".

Em hebraico, "descansar" significa cessar ou desistir de um dever ou de uma atividade regular. Então, descansar significa afastar-se de qualquer coisa que fazemos, pelo menos, um dia por semana.

A palavra em hebraico para "abençoado" significa santificar algo ou torná-lo santo. Portanto, tirar um tempo para descansar não é algo opcional para nós. É uma ordenança designada para o nosso bem-estar.

PROCESSO – Por que você acha que Deus nos **manda** descansar?

DESENVOLVENDO UM RITMO

Gordon MacDonald escreveu: "Deus precisa mesmo descansar? Claro que não! Mas Deus optou por descansar? Sim. Por quê? Porque Deus sujeitou a criação a um ritmo de Descanso e trabalho que Ele revelou ao observar seu próprio ritmo, como um precedente para todas as outras pessoas. Desta forma, Ele nos mostrou um segredo para organizar nossos mundos particulares".[23]

Desenvolver um ritmo precisa de experiência. Você deve descobrir lugares, atividades, e períodos de tempo que lhe produzam descanso.

Um elemento chave que sempre ignorado é simplesmente dormir a quantidade certa

de horas. Deus designou o corpo ao reparo e a recarga de si próprio, mas ele não pode desempenhar esta função se não providenciarmos tempo o suficiente para isso. Ao mesmo tempo em que trabalho é bom e honra a Deus, pode nos causar um grande mal se não encontrarmos um ritmo que inclua o descanso.

PROCESSO – O que podemos aprender sobre o ritmo de vida das seguintes passagens? Marcos 1.35; Marcos 2.27; Marcos 6.30-31; Mateus 11.28-29.

O QUE É CONSCIÊNCIA?

David Foster Wallace, em seu famoso discurso de formatura no Kenyon College em 2005, disse que: "O real valor de uma real educação não tem quase nada a ver com o conhecimento e tudo a ver com a simples consciência; consciência do que é tão real e essencial, tão oculto em uma visão comum ao nosso redor, o tempo todo, que temos que ficar nos lembrando disso sempre e sempre".

O que é consciência? Consciência é a habilidade de ler e abordar uma situação. Por exemplo, você se torna consciente de que seu amigo está lutando contra a ansiedade. Agora você tem consciência que não tinha antes, mas o que você vai fazer com esse conhecimento? A consciência aplica o conhecimento e busca modos de ajudar.

No entanto, estar ciente do que está acontecendo ao seu redor não é o único tipo de consciência. Você deve estar ciente do que está acontecendo dentro de você mesmo.

Consciência é uma habilidade emocional que beneficia todos os ambientes que influenciamos. Consciência está relacionada com inteligência emocional (IE ou QE) e foi projetada para beneficiar nossa habilidade de estarmos afinados com a vida, conosco e com os outros.

PROCESSO – Quando foi que você se tornou consciente de algo sobre um amigo ou sobre você mesmo e abordou a situação de uma maneira a ser útil?

INTELIGÊNCIA EMOCIONAL (QE)

Inteligência emocional é "a capacidade de estar ciente, de controlar, e expressar as emoções de alguém, e lidar com relacionamentos interpessoais de forma criteriosa e empática".

Em termos práticos, a inteligência emocional é sobre estar ciente de como as emoções dirigem nosso comportamento e impacta outras pessoas positiva ou negativamente, e aprender como gerenciar estas emoções – tanto as nossas quanto as dos outros – principalmente quando estamos sob pressão.

- Autoconsciência é compreender e regular as próprias emoções.
- Consciência social é ler e responder as emoções de outras pessoas.

Resumindo, consciência é sobre como são nossas experiências com os outros e como os outros têm suas experiências conosco. É sobre nivelar as pequenas nuances da conversa, o tom, a postura, a linguagem corporal e a energia em uma sala.

AUMENTAR SUA CONSCIÊNCIA

As pessoas com grande consciência podem perceber o mais sutil distúrbio em uma sala com percepção intuitiva. É um dom natural para alguns, mas para a maioria, é uma habilidade que deve ser desenvolvida.

Então, como você pode aumentar esta consciência?

Sintonize-se com o que está acontecendo ao seu redor e preste atenção aos outros para sentir o que eles estão sentindo. Nem sempre é fácil perceber as emoções ao seu redor

ou compreender suas próprias emoções. Você pode usar ferramentas analíticas para identificar lacunas em sua inteligência emocional.

À medida que progride, peça aos amigos e à família por um feedback sincero faça adequações necessárias. O trabalho sobre desenvolver suas habilidades, com escuta focada e empatia (sentir com). Você pode procurar os serviços de um coach para lhe dar um retorno e conselho personalizado, ou pode frequentar treinamento de liderança e ler livros e pesquisas relevantes.

Na área pública e profissional, a inteligência emocional (QE) é agora considerada mais importante, mais desejado, e mais valioso do que a inteligência cognitiva (QI)!

PROCESSO – Qual benefício imediato você acha que experimentaria ao aumentar seu nível de consciência?

ENTENDENDO A VOCAÇÃO

A palavra inglesa para "vocação" vem da palavra latina *vocare*, que significa "chamar ou convocar", e se refere ao trabalho que uma pessoa é chamada para fazer por Deus.

Às vezes, nós nos referimos ao nosso trabalho como "chamado" porque Deus nos chamou para realizá-lo. Em outras palavras, nosso trabalho não é apenas uma tarefa, é uma profissão com propósito. O que transforma uma profissão em uma "vocação" é um sentido de atribuição divina para aquilo que fazemos.

Isso envolve ouvir a voz de Deus sobre o que Ele nos tem chamado a fazer. Ouvir Seu chamado pode ser difícil porque a voz de Deus não é apenas o único chamado para nós. Sua voz sempre é encoberta por outras vozes ao nosso redor.

Como escreveu Frederick Buechner: "Existem muitos tipos de vozes diferentes o chamando para diferentes tipos de trabalhos, e o problema é descobrir qual é a voz de Deus, e não a da Sociedade, ou seja, a do Superego ou a do Interesse Próprio".[24]

A pergunta é se estamos ouvindo a Deus, a nós mesmos, ou a alguém mais quando o assunto é nossa profissão escolhida. Deus tem planos para nós, mas nós também, e os outros também.

ENCONTRANDO SUA VOCAÇÃO

Então, como você pode se sintonizar com a voz de Deus para saber o plano dEle para você?

Buechner explicou como ouvimos a Deus: "Em geral, uma boa regra para descobrir isso é: o tipo de trabalho que Deus normalmente o chama a fazer é o tipo de trabalho (a) que você mais precisa fazer e (b) que o mundo mais precisa que seja feito. 'O lugar que Deus o chamou para estar é o lugar onde sua alegria e a profunda fome do mundo se encontram'".[25]

De acordo com Buechner, uma boa maneira de pensar sobre seu chamado é procurar a intersecção entre sua paixão e a necessidade do mundo. Em outras palavras, você deve olhar para dentro e para fora.

Encontrar sua vocação envolve procurar e seguir os sinais:

1. Bíblia
2. Testemunha interna
3. Desejos pessoais
4. Circunstância
5. Conselho maduro
6. Senso comum
7. Direção especial

PROCESSO – Os sinais estão de acordo? As portas estão se abrindo? Os outros confirmam? Você sente paz? (Escrituras: Salmo 32.8; Provérbios 3.5-6; Provérbios 16.9; Romanos 12.2; Efésios 5.17; 6.6; Colossenses 1.9; 4.12.)

VOCAÇÃO

4.10

CONCLUSÃO

Agora que você experimentou como as *Quatro Dimensões da Saúde Humana* criam uma estrutura para integrar amor em sua vida, o desafio deve continuar. Esperamos que os capítulos contidos neste guia tenham ajudado a você a enxergar uma maneira de abordar a vida que traga cor e contexto aos seus pensamentos, sentimentos e as suas ações. Conforme dissemos no início, amor não é apenas uma emoção. É fundamental e estrutural ao fornecer arquitetura para tudo na vida.

Uma vida orientada pelo amor é uma decisão, momento a momento, vivida diariamente. E você deve compreender que aprender a amar de verdade, como uma pessoa que Deus o designou a ser, levará tempo e esforço. Assim como você já investiu na experiência das *Quatro Dimensões da Saúde Humana*, precisará continuar a levar adiante esta mesma abordagem. Encorajamos que revise novamente este guia, pois ele não foi criado como uma oportunidade de ensino para uma vez só. Pelo contrário, é uma ferramenta que buscará manter uma vida equilibrada.

A estrada adiante será desafiadora. Você pode provar grande luta, e até mesmo sofrimento enquanto buscar viver uma vida onde o amor esteja completamente integrado. Quando isso acontecer, esperamos que consiga atrair coragem e conforto, como nós fazemos, lendo Romanos 5.3-5.

"E não somente isso, mas também gloriemo-nos nas tribulações; sabendo que a tribulação produz a perseverança, e a perseverança a experiência, e a experiência a esperança; e a esperança não desaponta porquanto o amor de Deus está derramado em nossos corações pelo Espírito Santo que nos foi dado."

Se houver algum modo de ajudá-lo ao longo da jornada, não hesite em nos contatar no Love and Transformation Institute pelo email (Info@LoveandTransformation.org) ou pelo nosso website (LoveandTransformation.org). Gostaríamos muito de saber mais sobre você!

Ame de verdade!
Ben Bost e Kent DelHousaye

NOTAS FINAIS E REFERÊNCIAS

1. Alister McGrath, *Christian Theology: An Introduction,* 3rd ed. (London: Blackwell, 2001), 325.

2. Tim Keller, *The Reason for God: Belief in an age of Skepticism* (New York: Penguin Books, 2008), 215.

3. David Brooks, *The Road to Character* (New York: Random House, 2015), 257.

4. Henry Cloud and John Townsend, *Boundaries* (Grand Rapids: Zondervan, 1992).

5. According to published research by the APA, The Mayo Clinic, and Johns Hopkins Medicine.

6. Henry Cloud, *Integrity: The Courage to Meet the Demands of Reality* (New York: HarperCollins, 2006).

7. Jamil Zaki, "What, Me Care? Young Are Less Empathetic." *Scientific American* (January 2011).

8. Bill Strom, *More than Talk: Communication Studies and the Christian Faith* (Dubuque, IA: Kendall Hunt, 2013).

9. Patricia Ann Castelli, "An Integrated Model for Practicing Reflective Learning." *Academy of Educational Leadership Journal* Vol. 15, No. S1 (November 2011).

10. Henry Cloud and John Townsend, *How to Have That Difficult Conversation You've Been Avoiding* (Grand Rapids: Zondervan, 2003).

11. World Vision blog, https://www.worldvision.org/blog/social-justice-really-mean

12. Mary Poplin, *Finding Calcutta: What Mother Teresa Taught Me About Meaningful Work and Service* (Downers Grove, IL: Intervarsity Press, 2008).

13. James W. Sire, *The Universe Next Door* (Downers Grove, IL: InterVarsity Press, 4th Edition, 2004), 17.

14. Steve Wilkens and Mark Sanford, *Hidden Worldviews: Eight Cultural Stories that Shape Our Lives* (Downers Grove, IL: Intervarsity Press, 2009).

15. Roger Kimball, "Derrida and the Meaninglessness of Meaning." *Wall Street Journal,* Oct. 12, 2004.

16. Martin Luther, "Preface to his translation of St. Paul's Epistle to the Romans (1522)." *International Thesaurus of Quotations* (New York: HarperCollins, 1996), 214.

17. Tenth General Convention of the American Lutheran Church.

18. Stanley Grenz, "Theological Foundations for Male-Female Relationships." *Journal of the Evangelical Theological Society (JETS)* 41/4 (December 1998), 615-630.

19. Peter Kreeft, *Back to Virtue* (San Francisco: Ignatius Press, 1986), 156.

20. C.S. Lewis, *The Weight of Glory* (San Francisco: HarperOne, 2001), 45-46.

21. John Jefferson Davis, *Handbook of Basic Bible Texts* (Grand Rapids: Zondervan, 1984).

22. John Townsend, *Leading From Your Gut: How You Can Succeed From Harnessing the Power of Your Values, Feelings, and Intuition* (Grand Rapids: Zondervan, 2018).

23. Gordon MacDonald, *Ordering Your Private World* (Nashville, Thomas Nelson, 1984), 176.

24. Frederick Buechner, *Wishful Thinking: A Seeker's ABC* (San Francisco: Harper One, 1993), 118-119.

25. Ibid.

SOBRE O LOVE AND TRANSFORMATION INSTITUTE

LTI é um grupo de líderes, educadores e inovadores de pensamento progressista que se juntam para criar uma mudança cultural através da pesquisa sobre liderança, aprendizado experimental, tecnologia digital e mídia.

Somos uma organização colaborativa dedicada a explorar maneiras inovadoras de transformar indivíduos. Famílias, organizações e sociedades mudando o modo como as pessoas em uma escala global compreendem, experimentam e integram amor em suas vidas, em seus relacionamentos e em suas comunidades.

No LTI, acreditamos que o amor é o agente absoluto de transformação de como as pessoas e as organizações funcionam. O amor é mais do que um sentimento. Acreditamos que o amor é um catalisador que, quando aplicado aos relacionamentos os cura e os transforma. E finalmente, desenvolvemos recursos e fornecemos experiências que ajudam as pessoas e as equipes a colocar o amor em prática para que possam se sentir mais saudáveis e obter crescimento.

Para mais informações, visite LoveandTransformation.org

Avaliações
Coaching
Consultoria
Treinamento de Liderança
Desenvolvimento Organizacional
Palestras
Simpósios
Oficinas/Eventos

Ben Bost é o cofundador do Love and Transformation Institute. Ben é inovador e mentor executivo que fornece recursos aos indivíduos e empresas como um catalisador para a natureza transformadora do amor na cultura.

Kent DelHousaye é o cofundador do Love and Transformation Institute. Kent é coach executivo, consultor de liderança, pastor docente que trabalha com pessoas e empresas para que cresçam e permaneçam saudáveis.

www.ingramcontent.com/pod-product-compliance
Lightning Source LLC
Chambersburg PA
CBHW042012150426
43195CB00003B/97